KB273666

신 지조론 新志操論

신조론

新志操論

이 땅의
'변절자들에게 고함!'

황헌식 지음

'신 지조론'은 죽은 자들의 이야기가 아닌 지금, 여기에 살아 있는 '우리들의 이야기다!'

뜻志을 세우고 일생 동안 그 뜻을 지키며 사는 삶은 아름답다. 그가 지식인이든, 정치인이든, 혹은 농부이든, 노동자이든 간에 **선하고 바른 뜻으로 설계된 삶은 분명 아름다움이다.**

지조志操는 마치 마음에 드는 구슬을 정성스레 골라 하나의 실에 꿰어 아름다운 목걸이를 만드는 일과도 같다. 그 마디마디를 꿰는 과정이 때로는 어렵고 고통스러울지라도, 그 완성은 언제나 아름답다.

지조는 한국인이 가장 소중하게 생각해온 삶의 덕목 중의 하나. 우리가 지조 있게 산 사람들을 각별히 존경하는 것은 우리의 역사가 그만큼 지조를 지키며 살기 어려웠음을 역설적으로 말해주고 있다. 우리는 너무나 많은 인재를 변절자로 만든 아픈 역사를 가지고 있다.

그러나 지조가 어찌 한국인만의 덕목이겠으며, 변절이 어찌 우리만의 아픔이겠는가. 지조인志操人은 모든 인간이 이르고자 하는 인간다운 삶의 모형일 것이다. 그래서 **지조는 자기 스스로에게 떳떳하고 그가 사는 역사 앞에 떳떳하고픈, 모든 사람의 삶의 화두기도 하다.**

이 '신 지조론新志操論'은 지조의 문제에 이론적으로 접근해본 최초의 글일 것이다. 1966년에 동탁 조지훈이 낸 《지조론》이라는 책이 있지만, 그 책은 이런저런 시론들의 모음집으로 거기에 몇 편이 지조와 관련된 문제를 다루고 있다. 책 이름을 굳이 《신 지조론》이라 한 것은 조지훈의 《지조론》과 구별하기 위함이 아니라, 실제의 내용에서 오늘을 사는 우리의 지조 문제를 다루려 했기 때문이다.

물론 현대인의 지조 문제가 옛 선비들의 그것과 근본적으로 다를 수 없기에, 그 실천적 사례를 우리의 역사적 전통에서 찾으려 했다. 그러나 엄청나게 변화된 현대의 정치, 경제, 사회적 상황에서는 새로운 지조의 논리가 필요하다. 그래서 옛날을 살피고 오늘을 헤아려, 여기에 새로운 지조론을 제시해봤다.

　지금까지 우리 사회에 막연한 의식으로 자리잡아 온 지조의 정서에는 편협하고, 단선적이며, 감정적인 면이 없지 않았다. **지조의 '명분'은 정당성에 있고, 정당성은 총체적이고도 유기적인 판단에 근거한 것이어야 한다. 그래서 지조인은 알면서 행동하지 않는 비겁성 못지않게, 모르면서 날뛰는 경거망동 또한 경계하는 것이다.** 그런 의미에서 '신 지조론'은 보다 '창조적이고 합리적인 지조인의 모형'을 보여주려 했다.

　그러나 지조는 보편적 타당성만 따지다 형식윤리적 회의에 빠지는, 무기력한 사변철학思辨哲學과는 본질적으로 다르다. 개인의 삶은 언제나 구체적 현실 안에서 제한된 선택 앞에 놓여 있고, 우리는 이 안에서 뜻을 설계하고 삶을 결단한다. 지조인의 '뜻 세움'이 언제나 현실적이면서 상황적이고, 또한 역사적일 수밖에 없는 이유도 바로 여기에 있다.

　이 글은 내가 세상에 나와 '뜻 세움'이 무엇인가를 어렴풋이나마 알 만한 나이가 되면서부터 지금까지, 스스로의 삶에 던져

온 실천적 물음들이기도 하다. 이 과정에서 얻은 하나의 분명한 해답은, 지조를 생각하며 사는 삶은 '아름다운 삶'이라는 사실이다.

나는 이 '신 지조론'에서 살아있는 이야기를 써보려 했다. 흔히 논문이나 이론서가 빠지기 쉬운 '죽은 글'을 쓰지 않기 위해, 글쓰기의 양식에서 문학적 탄력성과 창조적 생명력을 중시했다. 각각의 주제마다 그 주제에 맞는 자유로운 표현양식으로 살아 있는 생각을 전해보려 노력했다.

지조란 무엇인가? 그것은 한 개인이 그의 신념 체계를, 그 자신의 삶과 일치시키는 총체적이며 전인적인 삶의 태도다. 우선 이 하나의 정의를 기억하면서 우리의 이야기를 시작해보자.

────────── · 차례 · ──────────

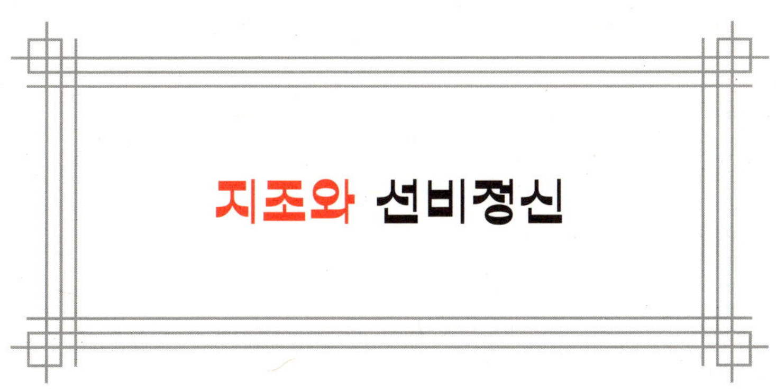

고대 그리스 사람들이 생각했던 이상적 인간상이 선미인善美人, Kalokagathos♦이었다면, 영국인의 그것은 신사Gentleman였다. 지난 시대에 중국인들은 군자君子를, 일본인들은 사무라이를, 한국인들은 '뜻있는 선비有志士를 그들의 이상적 인간상으로 생각했다.

이러한 도식적 정의에는 무리가 있지만, 여기에 제시된 이상

♦ 그리스어 'Kalos'(아름다움)와 'Agathos'(선함)의 합성어인데, 그리스인들은 가장 선한 것은 곧 가장 아름다운 것이라고 생각했다. '칼로카가토스'란 '선'과 '미'가 일치된 높은 인격의 상태를 의미한다.

적 인간상들에는 어딘가 그 민족만의 고유한 가치관이 스며 있음을 누구도 부인하기 어렵다.

어떤 사람들은 선비를 지나간 봉건시대의 낡은 인간상이라고 말한다. 그러나 아직도 올곧은 한국인들은 선비가 전통적 한국 지성인의 모형이며, '선비정신'은 우리의 값진 정신적 유산으로 계승되어야 한다고 생각하고 있다.

물론 옛 선비들은 봉건사회의 신분 구조에서 보면 사농공상士農工商 중 지배계층인 '사士'에 속했으며, 정치 체제의 한계 때문에 대부분의 경우 체제 내의 각성 세력 이상의 역할을 하지 못했다.

그러나 그것은 역사의 발전 단계에서 그들의 시대에 주어진 한계로 이해되어야 한다. 이러한 한계는 서양의 경우도 마찬가지여서, 봉건시대의 서양 지식인들도 그 시대의 한계를 크게 뛰어넘지는 못했다.

선비라는 계층이 언제부터 생겼는지 확실하지 않다. 단재 신채호의 경우, 그 역사적 뿌리를 삼국시대의 화랑, 국선 등에까지 거슬러 올라가 잡고 있다. ◆◆

그런데 중국의 정치 제도가 우리의 정치 문화에 크게 영향을 미치면서, 선비라는 말은 '사士' 혹은 '유儒'라는 말과 상당 부분 의미의 넘나듦을 보여줬다. 그러나 지금 우리의 관심사인 선비는 중국말의 '사'나 '유'가 갖는 잡다한 의미들 중에서 보다 이상적인 부분과 뜻을 같이하면서도, 고유한 한국적 정서가 그 의미의 중심에 자리하고 있다.

이 땅에 넓은 의미의 사류士類의 모습은 고려 6대 성종조 이후부터 나타나기 시작했다. 그러나 우리가 좁은 의미로 선비라고 말할 때, 그 계층은 조선조 사림士林에서 구체적인 모습을 드러낸다. 그런데 조선시대의 사림은 그 시대만이 가지는 독특한 역사적 배경과 정치 문화 속에서 형성되었다고 볼 수 있다.

사림이란 지방에 근거지를 가지고 있는 독서인군讀書人群을 일컫는 말이다. 이들은 중앙 정계에 진출한다기보다는 향촌에서 유향소留鄕所나

♦♦ "郎은 곧 新羅의 花郎이니, 花郎은 본래 上古蘇塗祭壇의 武士, 곧 그 때에 '선비'라 稱하던 者인데, 高句麗에서는 皇衣를 입어 皇衣仙이라 하고, 新羅에서는 美貌를 取하여 花郎이라 하였다. 화랑은 國仙, 仙郎, 風流從, 風月從 등으로도 칭하였다."(단재 신채호, 〈朝鮮歷史〉上 一千年來 弟一大事件, (二) 郎儒佛 三家의 源流)

향청鄕廳을 통하여 그들의 영향력을 행사해오던 세력이었다.

사림 중에서도 영남의 사림은 고려 왕실에 대한 절의節義를 지켜 이조에서 벼슬하기를 거부한 길재의 손제자인 김종직에 이르러 김굉필, 정여창, 김일손 등의 많은 제자를 배출하면서 형성되기 시작했다.

이들은 대체로 경학經學에 능한 도학자道學者여서 관학자官學者들과도 학문의 경향을 달리하고 있었다.

– 이기백, 〈한국사신론〉(일조각, 1976), 245쪽

이처럼 조선시대의 사림은 고려 말 이성계의 군사 쿠데타에 반대하여 숙청당했거나 끝내 협력을 거부했던 정몽주와 길재의 정치적 도덕성과 지조에서, 그 생명력을 얻고 있음을 우리는 주목할 필요가 있다. 이러한 정신사적 흐름과 전통은 조선시대를 관통하면서 지속되었고, 우리는 이를 가리켜 '선비정신'이라고 부르게 되었다.

선비의 사전적 의미는 '학식은 있되 벼슬하지 않은 사람'으로 되어 있다. 사전적 의미로만 따지자면 자칫 학식은 있되 벼슬한 사람은 선비가 아니라는 오해도 가능해진다. 여기서 '학식은 있되'라는 말은 지성知性을 말하며, '벼슬하지 않은'이라는 말은 재야성在野性을 의미한다.

이처럼 선비라는 말에 스며 있는 한국인의 '재야적' 정서는 중국의 정통 유학에서 보편적으로 말하는 '사'나 '유'와는 상당한 느낌의 차이를 드러낸다.♦

한국인들이 선비에게 기대하는 '재야성'은 그가 벼슬을 하고 않고의 현상적 문제가 아니라, 바로 그의 '도덕적 청정성'이라는 본질과 관계되어 있다.

그런데 조선시대 당시에는 지성과 재야성만으로 계층적 의미의 선비士林가 될 수는 없었다. 분명한 것은 신분사회였던 조선시대에 선비는 어떤 의미로든 선택된 사람들에게만 붙여질 수 있는 이름이었다.

선비의 이러한 제한적 성격에도 불구하고 선비정신은 폭넓은 대중적 공감을 얻고 있었다. 지금 우리의 관심은 바로 여기에 있다.

♦한 예로, 맹자는 "선비가 벼슬자리를 잃는 것은 제후가 나라를 잃는 거와 같다."고 하면서 "선비가 벼슬하는 것은 마치 농부가 농사짓는 거와 같다. 농부가 어찌 국경을 나가기 위해 그 경작 도구를 버리겠는가."라고 말한 바 있다(孟子, 勝文公章句下 三).

선비정신을 말할 때 쉽게 떠오르는 덕목으로 지조, 청빈, 지성, 재야성을 들 수 있는데, 그중에서도 지조는 선비정신의 생명이요, 꽃이다.

지조 없는 선비는 선비정신에서 '정신'을 잃었으니, 이미 선비가 아니다. 그래서 조지훈은 "지조는 선비의 것이요, 교양인의 것이다. 장사꾼에게 지조를 바라거나 창녀에게 지조를 바란다는 것은 옛날에도 없었던 일이지만, 선비와 교양인과 지도자에게 지조가 없다면 그가 인격적으로 장사꾼과 창녀와 가릴 바가 무엇이 있겠는가. 식견은 기술자와 장사꾼에게도 있을 수 있지 않는가 말이다."조지훈, 〈지조론〉(정음사, 1978), 17쪽라고 말하면서, 한 나라의 지도자를 평가하는 기준으로써 먼저 그 지조의 강도를 살펴야 한다고 주장했다.

그러나 지조가 어찌 선비나 지식인만의 덕목이겠는가. 특정 계층의 정신 문화적 산물에 머물렀던 선비정신이, 한국인의 보편적 정서와 폭넓게 맞닿을 수 있었던 부분이 바로 지조였다. 변절과 배신, 술수와 음모가 나라를 어지럽히고 사회를 좀먹던 풍토 속에서 바른 뜻을 세우고 이를 굽힘없이 지켜나간 뜻있는 선비의 삶은 모든 사람에게 곱고 숭고한, 더없이 귀한 아름다움이었다.

선비의 지조는 바로 민중들 사이에 폭넓게 형성되어 있던 신의, 절개, 의리, 정절挺節, 충절 등의 소박한 가치관과 폭넓은 공감대를 형성하면서 그 보편성과 대중성을 확보하게 된다. 지금도 지조가 시대와 계층을 뛰어넘어 우리의 소중한 삶의 덕목으로 남아 있는 이유도 그 때문일 것이다.

많은 사람들은 이성계의 혁명 역량이나 새로운 왕조 창건의 업적보다 정몽주의 죽음과 절개를 오래 기억하고 있다. 또한 신숙주와 정인지가 남긴 정치적, 학문적 업적보다 죽음으로 보여준 성삼문과 박팽년의 높은 지조를 가슴 깊이 기려 왔다.

지조를 숭상하는 경향은 지금도 마찬가지여서, 일제 침략기의 대표적 지식인이었던 이광수, 최남선의 문학적 업적보다는 한용운, 윤동주의 지조 높은 시詩에 우리는 진한 애정을 느낀다.

봉건 체제의 폐쇄적 정치 환경 속에서 선비가 뜻을 펴는 데는 한계가 있을 수밖에 없었다. 그래서 정암 조광조는 "예부터 뜻

있는 선비가 좋은 임금을 만나 도道를 행한 자가 심히 적으니, 대개 때는 잃기 쉽고 기회는 얻기가 어렵기 때문이다."조광조, 靜 庵集卷四 後拜副提學時啓八라고 고백한 바 있다.

선비의 바른 뜻과 왜곡된 정치 현실 사이에는 자주 갈등과 충돌이 있어 왔고, 결정적인 순간에 선비는 '뜻을 지키느냐, 현실을 택하느냐' 하는 기로에 놓이기 일쑤였다. 이 경우 뜻있는 선비들이 택했던 삶의 길은 대개 다음 세 가지 모습으로 나타났었다.

절사냐, 은둔이냐, 참여냐

첫째가 절사節死의 길이었다. 변절하며 살아남기보다는 죽음으로써 뜻을 지키겠다는 삶의 자세다. "생生도 내가 원하는 것이고, 의義 또한 내가 원하는 것인데, 이 둘을 함께 얻을 수 없다면 생을 버리고 의를 취하겠다."맹자, 告子章句上十는 것이다. 정몽주와 사육신, 삼학사와 황현의 죽음이 여기에 속한다.

같은 죽음이라도 황현처럼 스스로 목숨을 끊은 경우도 있고, 사육신이나 삼학사처럼 자기의 주장을 펴다 목숨을 빼앗긴 경

우도 있다. 그러나 그것이 어떤 죽음이었든 간에 뜻을 지키고
자 함에는 궤를 같이하고 있다.

　둘째가 은둔의 길이었다. 이는 불의한 세력과의 관계를 끊고,
협력을 거부함으로써 뜻을 지키겠다는 태도다. 길재나 생육신
의 경우가 이에 속한다.

　그런데 특별한 정치적 사건이나 정치 이념적 갈등에 의해서
가 아니라, 벼슬이나 정치 자체에 별 의미를 두지 않았거나 환
멸을 느껴서 재야의 길을 택했던 선비도 적지 않았다. 쉽게 생
각나는 인물로 화담 서경덕, 남명 조식, 반계 류형원, 성호 이
익 등이 있다.

　이들의 은거는 단순한 현실 도피가 아니라 떳떳한 선비의 길
이었으며, 인간다운 삶의 표현이었다. 그들의 은거가 후세에
남긴 학문적 업적과 정치적 영향력은 많은 참여파 지식인의 그
것을 오히려 능가하고 있다. 그들은 스스로 택한 재야의 길을
불행하게 생각하기는커녕 오히려 자긍심마저 느끼며 살았다.

　당대의 거유巨儒 회재 이언적이 경상도 감사로 있으면서 남명
조식을 만나고자 했을 때, "공公이 나를 만나려거든 벼슬을 버리

고 산림에 돌아와 서로 뿔관을 쓰고 마주앉아도 늦지 않을 터인데."고은, 〈한국의 지식인〉(三中堂, 1976), 228쪽 하고 거절했다는 일화는 지조 높은 산중 선비의 자존심이 어떠했는가를 짐작케 한다.

퇴계 이황의 경우도 타의에 의해 이런저런 벼슬에 적잖이 올랐지만 기회만 오면 물러나서 향리로 돌아가 은거했다. 만년의 은거가 그의 위대한 학문적 업적을 남기게 했고, 수많은 제자를 길러내는 계기가 되었음은 널리 알려진 사실이다.

어떻든 벼슬을 멀리함으로써 뜻을 지키고 몸을 깨끗이 했던 선비들의 은둔이 부패한 관료사회로부터 그들의 순수성과 시대정신의 청정성을 지키는 도피성이 되었으며, 때로는 새로운 시대의 창조를 위한 잉태의 공간이 되기도 했다.

다산 정약용의 유배에 의한 타의의 은둔이 결과적으로는 엄청난 학문적 유산으로 남겨지게 되었음은 우리에게 많은 것을 생각하게 한다. 그런 의미에서 선비의 창조적 은둔은 현실 도피와 본질적으로 구별된다.

셋째가 적극적인 참여의 길이었다. 참여파 선비들은 제도권 정치에 직접 뛰어들어 잘못된 정치 현실을 개혁함으로써 그들의 뜻을 적극적으로 펴려 했다. 정암 조광조와 율곡 이이가 여기에 속하는 대표적인 예다.

　그러나 그들의 높은 뜻이 당시의 정치 현실 속에서 실현되기에는 너무나 많은 제약 요소가 있었다. 조광조의 개혁 의지는 그를 시기하고 모략하는 정치 모리배들에 의해 철저하게 왜곡되었고, 결국 사약을 받음으로써 그의 도학 정치道學政治의 꿈은 기묘사화己卯士禍라는 비극으로 끝났다.

　이이는 조광조의 개혁 정책이 너무 급진적으로 추진되었기 때문에 실패했다고 보고, 점진적 혁구경장革舊更張을 주장했다. 그는 자신의 벼슬자리에 관계없이 자강국방, 민생경제, 붕당극복, 주민자치 등에 관한 뛰어난 경세철학經世哲學을 제시했으나 그의 사상이 현실 정치를 크게 바꾸어놓지는 못했다.

　그렇다고 우리가 조광조와 이이의 현실 참여를 잘못되었다고 결론 내려서는 안 된다. 그들의 참여를 통한 정치 개혁의 충격은, 그 단기적 성패와 관계없이 이후 조선시대 정치 풍토에 지속적인 각성제로 작용하고 있었기 때문이다.

　자기의 뜻을 지키기 위해 절정의 한순간에 생명을 버리는 치열한 삶엔 아름다움이 있다. 권력과 부富의 현장을 떠나 한 번뿐인 인생을 걸고, 은거 속에서 지조를 지키는 의연한 삶 또한 우리를 감동케 한다. 그러나 썩고 냄새나는 현장을 외면하지 않고 거기에 뛰어들어, 때로는 상처받고 피 흘리며 바른 뜻을 펴고자 했던 삶 또한 미쁘지 아니한가.

지조는 정신사의 주춧돌

　선비의 시대는 갔다. 그들의 큰 뜻을 옥죄던 봉건 정치의 사슬은 사라졌고, 그들이 누리던 계급적 특권도 없어졌다. 그러면 이러한 시대의 변천을 겪으면서 선비는 어떠한 모습으로 우리 속에 남아 있는가?

　많은 사람은 이제 우리의 시대에 더 이상 선비는 없다고 말한다. 이 말은 선비라는 특수 계층이 우리 시대에 존재할 수 없다는 의미보다는, 삶 전체를 걸고 뜻을 지키려는 지식인을 찾아보기 어렵다는 의미일 것이다. 우리의 대화 속에서도 어느 사이 선비라는 말은 자취를 감췄고, 그 자리는 서양식 개념인 지식인Intelligentsia이 자연스럽게 대신하게 되었다.

　그러나 우리가 아쉬워하는 것은 선비의 사라짐이 아니라 서양의 기능주의 가치관 속에 매몰된 선비정신이다. **대한제국에**

서 일제 침략기를 거쳐 2000년대에 이르는 근세 1백 년 동안, 얼마나 많은 기회주의자들이 변절과 변신을 거듭하며 역사를 어지럽혀 왔는가.

이 역사의 악순환은 지금도 되풀이되면서 정치 모리배와 기회주의적 지식인을 확대 재생산하고 있다.

우리의 해방 전후사에서 가장 큰 아쉬움을 남긴 것이 반민특위反民特委의 실패다. 1948년 대한민국 정부 수립 후, 반민족 행위자들을 처벌하기 위한 특별법이 국회를 통과하고서도 시행되지 못함으로써 친일 행위자들에게 합법적 활동 공간을 마련해줬다.♦

♦ 일제 강점기에 일본에 협력하여 반민족 행위를 했던 사람들을 처벌하기 위해 1948년 9월 22일 '반민족행위처벌법(법률 제3호)'이 제정되었다. 제헌 헌법의 규정에 의거하여 제정된 이 특별법에 의해 국회에 반민족 행위자 특별조사위원회(반민특위)가 구성되고, 1949년 1월 12일부터 거물급 친일 행위자들을 소환 조사하여, 그중 몇 명은 구속까지 시켰다. 하지만 대통령 이승만과 일본 경찰 출신 경찰 간부들의 비협조로 업무 수행이 불가능한 상태에 이르렀다. 결국 그해 8월 22일 '반민특위' 폐지안이 국회를 통과함으로써, 반민족 행위자들의 역사적 죄과에 대한 심판은 실패로 끝났다.

백 보 양보해서, 친일 행위자들을 용서는 하더라도 최소한 역사의 전면에 나서 날뛰지는 못하게 했어야 했다. **이 엄청난 역사적 과오가, 수단과 방법을 가리지 않고 살아남기만 하면 승리자가 될 수 있다는 왜곡된 가치관을 이 땅에 팽배케 했고, 8·15 광복 이후 오늘에 이르기까지 수많은 기회주의자가 역사의 고비마다 약삭빠른 변신의 솜씨로 계속 기득권을 향유할 수 있게 했다.**

기회주의자의 시대가 계속되는 한 이 땅에 변절과 배신의 악순환은 거듭될 수밖에 없다. 우리가 지금 지조의 높은 뜻을 생각함은, 그것이야말로 훼손된 우리의 정신사를 복원하는 데 가장 견고한 모퉁잇돌이 되기 때문이다.

뜻을 세우고 일생 동안
그 뜻을 지키며 사는 삶은 아름답다.
그가 지식인이든, 정치인이든,
농부이든, 노동자이든 간에
선하고 바른 뜻으로 설계된 삶은
분명 아름다움이다.

지조란 무엇인가

지조란 한 개인이, 그의 신념 체계를, 그 자신의 삶과 일치시키는 총체적이며 전인적인 삶의 태도다.

지조는 생명까지도 걸어야 하는 결정적인 선택의 순간에, 그 극적인 모습을 드러낸다. 이때 지조는 결단과 선택으로 잘려진 순간의 단면 위에, 나이테의 문양처럼 한 개인의 앎知과 삶行을 총체적으로 보여주게 된다.

한국인이 전에는 물론 아직도 지조를 사람다운 사람의 가장 중요한 덕목의 하나로 생각하고 있는 것은, 사람이 하나의 뜻을 세우고 이를 평생 지키며 산다는 것이 얼마나 어렵고 또한 아름다운 일인가를 역설적으로 말해주고 있다.

그런데 지조가 어찌 한국인만의 덕목이겠는가. 그것은 인간이면 누구나 이루고자 하는 아름다운 삶의 모습일 것이다.

북 치며 이 목숨 재촉하는데擊鼓催人命

돌아보니 서산에 해지려 하네回頭日欲斜

황천길에 주막도 없다는데黃泉無一店

오늘밤은 뉘 집에서 묵어야 하나今夜宿誰家

이것은 죽음을 맞으며 지었다는 성삼문의 시다. 그는 시뻘건 인두로 단근질을 당하면서도 변절을 거부함으로써 스스로 죽음의 길을 선택했다.

우리가 만약 그 죽음의 현장에 있었다면, 고문에 온몸이 짓이겨진 채 지쳐 비틀거리는 그의 모습에서 '지조 지킴'의 괴로움과 가혹함을 절감했을 것이다. 그러나 이 가혹한 현실 앞에서 성삼문은 자신의 죽음마저 여유 있게 노래하고 있는 것이다. 여기에 지조의 위대한 힘이 있다.

그러나 이것은 지조에 관한 하나의 일화에 불과하다. 지조는 결코 단편적 사건으로 쉽게 평가될 성질의 것이 아니다. **앞뒤가 맞지 않는 한 번의 용기 있는 행동을 보고, 그 사람이 지조 있**

다고 말할 수는 없다. 어쩔 수 없는 상황에서 우연히 일어난 장렬한 죽음을 지조로 미화해서는 안 된다. 주먹 세계의 의리를 지조로 보지 않는 이유도 바로 이 때문이다. 우리가 성삼문의 죽음을 두고 지조라고 말하는 까닭은, 그의 죽음이야말로 그의 삶의 신념 체계와 일치하는 총체적 존재의 던짐이기 때문이다.

한 개인의 행위혹은 삶가 지조로 완성되기 위해서는 몇 가지 요건이 충족되어야 한다.

뜻 세우기 혹은 신념화

세상살이는 크고 작은 사건의 연속이고, 그 사건들과 만나는 길목에서 우리는 순간순간 선택과 결단을 강요받는다. 그런데 세상은 넓고 일들은 복잡하여, 언제나 정확한 판단과 정당한 행동을 선택한다는 것은 누구에게나 거의 불가능한 일이다.

그러나 삶은 어차피 누구도 대신할 수 없는 것이며, 자기의 행동은 결국 스스로 결정하고 스스로 책임져야 한다. 살아가는 과정에서 그 누구도 판단과 행동의 부분적인 오류는 피할 길이 없다. 군자도 잘못을 저지를 수 있다는 것이 공자의 생각이었다.

어떻게 하면 보다 정확한 판단이 가능하며, 행동의 정당함이 확보될 수 있을까?

지조 있는 삶을 바라는 사람들에게 이것은 절실한 과제다. 그래서 그들에겐 **삶 전체를 담보할 정신적 설계로서의 뜻 세우기立志가 우선되어야 한다. 입지立志가 없으면 지조도 없다.** 퇴계는 "대개 선비의 병폐는 뜻 세우지 못함 때문이다."이황,〈退溪全集〉, 卷二十四, 答鄭子中惟一고 했다.

사람의 성품이란 본래 착해서 옛날과 지금의 차이가 없으며, 지혜 있고 어리석음의 차이도 없다. 어찌 성인聖人만이 혼자서 성인이 되고, 나는 어찌 혼자서 평범한 사람衆人이 되어야만 하는가.

그 이유는 뜻을 세우지 못하고志不立, 앎을 분명히 못하고知不明, 행동을 바르게 못하기行不篤 때문이다. 뜻을 세우고, 앎을 분명히 하고, 행동을 바르게 함은 다 너 자신에 있는 것이니 어찌 이를 타인에게서 구하겠는가.

— 이이,〈栗谷全集〉, 卷 二十七, 擊蒙要訣 立志章第一

이 주장의 밑바닥에는 물론 맹자의 성선설性善說이 깔려 있지만, 오히려 돋보이는 것은 율곡의 주체적 자기완성을 위한 수

기철학修己哲學이다. 여기서 말하는 '성인'은 판단과 행동에 오류가 없는 하나의 이상적 인간상인데, 누구나 마음만 먹으면 그 경지에 도달할 수 있다는 것이 율곡의 생각이었다.

이에 이르는 길은 뜻을 세우고志之立, 앎을 분명히 하며知之明, 행동을 바르게 하는 것行之篤인데, 그 가능성은 자기 안에 본래부터 내재해있다는 것이다.

율곡은 그중에서도 특히 '뜻 세움立志'의 중요성을 강조하여, 뜻이 바로 서면 이루지 못함이 없다고 보았다.

뜻志은 기氣의 우두머리니, 뜻이 한결같으면 기가 움직이지 않을 리 없다. 배우는 사람이 종신토록 책을 읽고도 성공하지 못함은 오직 이 뜻이 서지 못함 때문이다.

뜻이 서지 못하는 데는 세 가지 병이 있으니 첫째는 믿음信念 없음이요, 둘째는 지혜롭지 못함이요, 셋째는 용기 없음이다.

— 이이, 〈栗谷全集〉, 卷 二十, 聖學輯要二　立志章第二

율곡 철학의 기본 구조를 이해하는 사람이면 '뜻은 기의 우두머리니, 뜻이 한결같으면 기가 움직이지 않을 리 없다志者氣之帥也 志一則氣無不動'는 말이 예사로운 의미가 아님을 쉽게 짐작할 수 있을 것이다.

주기론자主氣論者인 율곡에게는 '기'가 만물 생성의 근원이며, 만물 그 자체기도 하다. 따라서 뜻만 서면 무엇이든 움직일 수 있다는 것이 율곡의 생각이었다.

그래서 선비에게는 '뜻 세움'이 무엇보다 우선적인 과제다. 그리고 여기서 말하는 **'뜻의 한결같음志一'은 그 의미가 지조와 크게 다를 바 없으며, 뜻을 세움에 필요한 믿음信과 지혜智와 용기勇는 바로 지조를 이루는 덕목이기도 하다.**

명분 혹은 정당성

지조가 고집이나 억지와 근본적으로 다른 점은 그 지키려 함의 정당성에 있다. 앞서간 이 땅의 선비들이 명분을 생명보다 무겁게 여긴 것은 의義를 이利보다 먼저 생각하는 것이 선비정신의 근본이기 때문이다見利思義.

'권력은 총구로부터 나온다'는 것이 정치인의 논리라면, '참다운 힘은 명분정당성으로부터 나온다'는 것이 선비의 논리라 하겠다.

　　그래서 정암 조광조는 "어진 사람은 오직 바른 도리를 알 따름이다. 궁窮하고 영달함이나 오래 살고 일찍 죽음과 같은, 무릇 외적인 것으로는 그 마음을 움직일 수 없다."조광조, 〈靜菴集〉卷四, 三拜副提學時啓三고 하면서, 다만 학문에 힘을 써 바른 길正道에 뜻志을 두는 것이 선비의 할 도리지, 정치적으로 쓰임 받느냐 않느냐는 그가 관심할 바 아니라고 말했다.

　　자로가 묻기를, 군자는 용기를 숭상합니까?

　　공자가 대답하기를, 군자는 정의를 숭상한다. 군자가 용기 있되 정의롭지 못하면 난동이 되고, 소인小人이 용기 있되 정의롭지 못하면 도적이 된다.

－〈論語〉, 陽貨二十三

　　공자의 이 말은 우리의 행동에서 먼저 문제가 되는 것은 정당성이며, 용기는 오히려 그다음의 부수적인 문제라는 뜻이다. '지조 지킴'도 이와 같아서 용기보다 더 우선하는 것은 바로 정당한 명분이며, 용기는 이 떳떳함으로부터 나올 때만 참다운 힘을 갖게 된다.

　　되돌아보면 우리의 역사는 정당성 없이 행동화한 용기이기적 만행에 의해 자주 어지럽혀졌고, 때로는 뒷걸음질치기도 했다. 1961년 5·16 군사 쿠데타 이후 우리의 역사는 30년 가까이 총구로부터 나온 잘못된 용기에 의해 난장판이 되었고, 국민의 기본권은 오랫동안 도적질 당해왔다.

이 모질고 긴 세월이 남긴 가장 아픈 상처 중의 하나는, 수많은 지식인으로부터 떳떳한 명분을 빼앗아 갔다는 사실이다. 아니 빼앗아 갔다기보다는 지식인들 스스로가 이利를 보고 의義를 버린 것이다見利捨義.

이 땅에 철학적 정의正義를 말하는 지식인들은 많다. 역사적 사실의 시비를 가리는 일이라면 침을 튀기며 흥분하는 지식인들도 많다.

속인들조차도 지나간 역사 속에서 명분 있게 살다간 지사志士의 삶을 기리는 데 인색하지 않으며, 변절자를 매도하는 데 조금도 주저함이 없다. 죽은 사람을 칭찬하거나 욕하는 데 돈 들지 않고, 역사적 사실의 시비를 가린다고 감옥 갈 일이 없기 때문이다. 그러나 이것은 값싼 카타르시스에 불과하다. **지조는 이 같은 값싼 감정이 아니다.**

검으면 희다 하고 희면 검다 하네

검거나 희거나 옳다 할 일 전혀 없네

찰하로 귀 막고 눈 감아 듣도 보도 말리라

– 김수장金壽長, 조선 후기 시조 작가, 〈해동가요〉를 편찬

18세기 중엽에 쓰인 이 시조는 선비들의 명분이 정당성에 근거하지 않고 파당적 집단 이기주의에 편승했을 때, 어떤 모습으로 나타나는가를 잘 보여주고 있다. 당시 노론과 소론은 권력을 둘러싸고 모함과 역모함을 주고받으면서 명분 없는 명분 싸움을 계속했다.

참다운 명분은 상대방이 어떤 입장을 취하건 관계없이, 언제 어디서나 그 주장과 기준이 한결같아야 한다. 상대방이 검다 하면 희다 하고, 희다 하면 검다고 말을 바꾸는 것은 명분이 아니라 사술邪術**이다.**

많은 사람들이 조선시대의 고질적 병폐로서 당파 싸움을 지적한다. 정권 교체가 근원적으로 불가능했던 봉건 체제 아래서 정치 지망생의 증가는 필연적으로 정치적 과열 경쟁을 가져왔고, 그 경쟁이 파당 중심으로 되다보니 적지 않은 부작용을 낳게 되었다.

이 과정에서 젊은 선비들은 안으로 자기완성을 하기도 전에 밖으로 투사가 되어 싸우기 일쑤였다.

예나 지금이나 속이 허한 강경론자들이 엉뚱한 일을 저지르곤 한다. 공자는 이같이 외강내유外剛內柔한 사람을 소인小人이라 폄貶하였다. 이들의 행동은 철저히 붕당적이며 집단 이념에 충실한 것이 특징이다.

성호 이익은 이런 현상을 재야에서 지켜보며, "중립을 지켜 시비를 가리는 자를 용렬하다 하고, 붕당을 위해서는 죽어도 굽히지 않는 자를 이름난 절조節操라 한다."이익, 이익성 역, 〈성호잡저〉, 붕당론(삼성문화문고, 1972), 64쪽고 개탄했다.

반대와 비판과 투쟁이 곧 지조는 아니다. 명분은 그것이 정당할 때에만 지킬 가치가 있다.

동일성 혹은 일치

우리가 "지조를 지킨다."고 말할 때 분명히 해야 할 일은 지켜야 할 것이 무엇이며, 어떻게 지키느냐 하는 문제다. "변절했다.”는 말도 마찬가지여서, 무엇이 어떻게 변절했느냐 하는 것을 분명히 할 필요가 있다.

지조는 개인에 따라 지킬 내용이 다르다. 그 내용이 하나의 단순한 사건을 대상으로 할 때 판단은 비교적 용이하다. 예를 들어 5·16 군사 쿠데타 직후 박정희 소장 등 군부 세력은 민주당 소장파 전직 의원들에게 정치적 제휴를 제의한 바 있다. 이때 이를 수락하여 정치군인들이 만든 공화당에 참여한 사람들이 있고, 거부하고 야당 재건에 나선 사람들이 있다.

이 일회적 사건만을 두고 평가한다면, 전자는 변절했고 후자는 지조를 지킨 것이다. 4·19 민주 혁명을 통해 출범한 합법적 민주당 정부를 무력으로 쫓아내고 국회까지 해산한 군부 세력에, 민주당 출신의 사람들이 곧바로 참여한 것은 분명한 변절이다.♦

그러나 하나의 사건이 아닌 한 사람의 전 생애를 놓고 평가하려 할 때 판단은 더욱 어렵고 복잡해진다. 예를 들어 5·16 당시 민주당 최고위원이었던 곽상훈과 박순천의 정치적 생애를 놓고 보면, 자유당 시절로부터 제3공화국까지의 꿋꿋했던 정치적 신념이 유신 정부에 와서 완전히 훼절毁節되었음을 보여준다.

그들의 지조와 변절을 논할 때, 앞의 꿋꿋함과 뒤의 훼절이 어떤 계산법으로 대차대조표에 기록되어야 할까?

분명한 것은 지조와 변절의 문제는 계량적 수학으로 가감되는 것은 아니라는 사실이다. 그들의 '뜻 굽힘'은 지울 수 없는 변절의 상처로 그대로 남아 있을 수밖에 없다.

지조는 뜻, 혹은 신념의 동일성이다. 지조 있는 사람은 상황과 이해관계에 따라 뜻을 바꾸지 않는다. 지조는 자기의 신념 체계의 동일성을 시간과 공간을 뛰어넘어 일관되게 지키는 삶의

♦ 5·16 군사 쿠데타 당시 구민주당의 소장파 정치인 중 군부 세력과 손잡고 공화당 정권의 창출에 앞장섰던 대표적 인물이 김재순과 박준규였으며, 이를 거부하고 야당의 재건에 앞장섰던 대표적 소장 정치인이 김영삼이었다. 박준규와 김재순은 제3공화국에서 제6공화국에 이르는 30년의 군사통치 아래서 나란히 국회의장과 여당 대표를 지냈고, 김영삼은 40년 가까운 야당 생활을 청산하고 3당 합당이라는 충격적 변신의 과정을 거쳐 여당 후보로 출마, 첫 '문민 대통령'이 됐다. 25년 만에 다시 김영삼을 만난 박준규와 김재순은 그의 대통령 당선에 이바지했지만, 결국 김영삼 정부의 정치 개혁의 희생물이 되어 불명예스럽게 국회의원 자리에서 물러났다.

태도다.

지조는 말言과 행동行의 일치다. 옛사람이 말을 삼하였음도 몸소 행함이 그에 미치지 못할까 두려워했기 때문이다.

지조는 앎知과 행함行의 일치다. 알고도 행하지 않거나 모르면서 경거망동하는 것은 지조 있는 사람이 취할 바 태도가 아니다.

어느 시대고, 생각을 쉽게 바꾸는 사람이 살기 편리한 것이 세상살이다. "이런들 어떠하며 저런들 어떠하료……." 생각하며 둥글둥글 살아가면 인생이 그렇게 고달프지만은 않을 것이다.

그러나 "이 몸이 죽어죽어 일백 번 고쳐 죽어……." 고집하며 한 번 세운 뜻을 지키기 위해 목숨마저 버리는 사람이 있어, 그래도 우리네 세상살이는 살맛나는 것이 아닐까.

지조는

자기 스스로에게 떳떳하고

그가 사는 역사 앞에 떳떳하고픈,

모든 사람의 삶의 화두다.

지조는

한 개인이, 그의 신념 체계를,

그 자신의 삶과 일치시키는

총체적이며 전인적인 삶의 태도다.

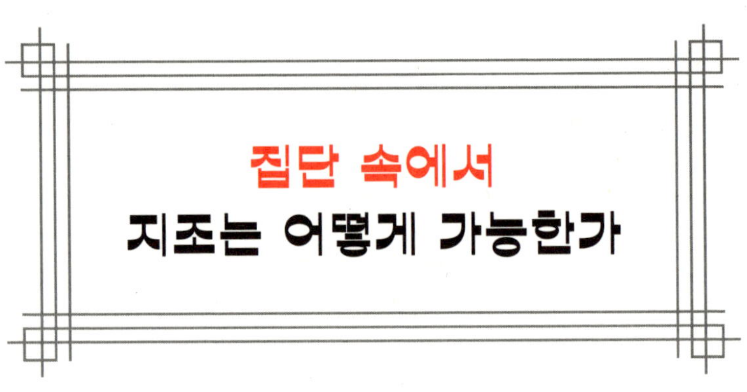

집단 속에서
지조는 어떻게 가능한가

한 개인의 판단과 행동이 그가 몸담고 있는 사회로부터 얼마나 자유로울 수 있을까?

이것은 오래된 철학적 물음이기도 하다. 철학자들의 이런저런 해명에도 불구하고 개인과 사회, 개인과 집단 사이의 독립성과 의존성의 한계를 객관적으로 밝힌다는 것은 매우 어려운 일이다.

모든 사람이 로빈슨 크루소처럼 완전히 고립된 삶을 살고 있다면, 그의 판단과 행동 그리고 이에 따르는 책임의 한계도 분명해진다. 그러나 우리의 삶더욱이 현대인의 삶은 매우 복잡한 사회 구조 속에서 이루어지고 있고, 거기에는 개인의 자유로운 삶을 제한하고 간섭하는 여러 가지 사회 문화적 요인들이 존재하기 마련이다.

어떤 경우에는 자기의 의사와 전혀 상관없이 주어진 상황 앞에서 개인은 일방적 선택을 강요받게 된다.

실존철학의 설명을 빌리면 이 같은 상황은 인간의 실존과 함께 이미 근원적인 것으로 주어져 있고, 이 상황은 나의 현존재에게 이익 혹은 손해, 행운 혹은 불행으로 작용할 수 있는 구체적 현실이라는 것이다.오토 프리드리히 볼노, 최동희 역, 〈실존철학이란 무엇인가〉(서문당, 1972), 104쪽

그런데 인간은 상황의 구속성 속에 놓여 있는 존재면서, 다른 한편으로는 자기의 삶을 스스로 선택하고 결정하는 자유의 존재기도 하다. 우리가 개인의 행위에 대해 책임을 물을 수 있는 것은 자유의지야말로 순수한 개인의 몫이기 때문이다.

지조는 기본적으로 인간의 자유의지에 기초하고 있다는 점에서, 역시 개인적인 삶의 문제다. 그러나 사람은 더불어 사는 존재고, 어떤 형태로든 사회 집단과 관계하고 있는 한 그 집단과 어느 정도 책임을 공유할 수밖에 없다.

그런데 하나의 사회적 집단은 이를 구성하고 있는 개인의 산술적 더하기와 그대로 일치하지는 않으며, 거기서 결정된 집단 의사 역시 개인 의사의 산술적 더하기와 상당히 다를 경우가 많다. 더욱이 사회 집단의 규모가 개개 구성원의 의사를 효과적으로 수렴할 수 없을 만큼 큰 경우, 개인 의사와 집단 의사 사이의 거리는 더욱 멀어질 가능성이 높다.

여기에 지조를 생각하며 사는 사람들의 고민이 있다.

개인들은 결정적인 행위의 문제에서 그들 자신보다 다른 사람의 이익을 배려할 수 있고, 때로는 그들 자신의 유익보다는 다른 사람의 유익을 우선할 수도 있다는 의미에서 도덕적일지도 모른다.

사람들은 원래 그들 방식대로 어느 정도의 동정심과 배려하는 마음을 타고났으며, 그 동정심과 배려하는 마음의 넓이를 치밀한 사회 교육에 의해 확대할 수도 있다.

그러나 인간사회나 사회 집단에서는 이 모든 성취가 불가능하지는 않지만, 보다 더 어렵다. 모든 인간 집단에는 충동을 지도하고 견제할 이성이 보다 적고, 자기초월의 능력이나 다른 사람들의 필요를 이해하는 능력도 보다 적어서, 집단을 형성하는 개인이 그들의 사적인 관계에서 나타내는 것보다 더 심한 무제한적 이기심을 드러낸다.

– 레인홀드 니버, Moral Man and Immoral Society, New York,

Charles Seribner's Sons, 1960, pp. Xi~Xii

레인홀드 니버Reinhold Niebuhr, 20세기 미국의 대표적인 기독교 신학자이자 사회윤리학자가 여기서 이해시키고자 한 바는, 모든 개인은 선하고 모든 사회집단는 악하다는 것이 아니다. **사회는 개인에 비해 보다 비도덕적이고 비이성적이며, 그 익명성 속에 이기적 충동이 발휘될 가능성이 높다는 것이다.**

집단 결정에서 소외되는 개인

따지고 보면 개인의 현실적 자유는 그를 둘러싼 사회적 상황과 집단 결정으로부터 제한된 부분만 허용되고 있다. 그렇다면 개개의 사람으로 구성된 집단의 의사결정은 어떤 과정을 통해 이루어지고 있을까? 그 메커니즘을 밝히는 것은 우리의 영원한 숙제기도 하다.

그런데 한 가지 분명한 것은, **인류 역사상 큰 불행을 가져왔던 집단 행동**가령 전쟁 같은 것**들은 그 구성원의 의사에 따라 결정되었다기**

보다는 소수의 지배 계층에 의해 결정된 경우가 훨씬 많았다는 사실이다. 더 불행한 것은 한 집단의 운명이 다른 집단의 일방적 결정과 행동에 의해 바뀐 경우다. 우리는 그러한 사례를 먼 데서 찾을 것 없이 우리의 민족사에서 쉽게 확인할 수 있다.

한국의 근세사는 지배 계층의 거듭된 못난 짓과 우리의 뜻과는 관계없이 이루어진 외세의 간섭에 의해 결정된 수난의 발자취다. 국권피탈, 민족분단, 한국전쟁, 남과 북의 장기독재 등 일련의 역사적 사건들은 결코 대다수 민족 구성원의 바라는 바가 아니었다.

집단 폭력의 역사를 보면 언제나 그 엄청난 비극적 결과에 비해 책임 물음이 허탈할 정도로 불균형한 것이 특징이다.

물론 역사적 집단 범죄의 주동자로서 몇몇 개인의 책임을 물을 수는 있다. 제2차 세계대전이 끝난 후 나치 전범들을 법정에 세워 응징한 것이 그 대표적 예라 하겠다. 그러나 아무런 이유도 모른 채 나치 수용소의 가스실에서 죽어간 수백만 유대인의 입장에서 보면, 그것으로는 결코 역사적 보상이 될 수 없다. 여기에 집단 행동의 무책임성이 있다.

민족주의라는 이름의 집단 폭력

1959년 봄 버트런드 러셀은 한 텔레비전 대담 프로에서, 내셔널리즘은 또 하나의 세계적 전쟁의 위험성을 제외한다면 '지금 인간이 직면하고 있는 최대의 위험'이라고 지적한 바 있다 러셀의 이 텔레비전 대담은 이듬해인 1960년 《Bertrand Russell Speaks His Mind》라는 이름의 책으로 출판되었다. 물론 러셀이 민족주의의 모든 측면을 부정적으로 본 것은 아니다. 그는 문화적 민족주의는 오히려 인류 문화를 다양하고 풍요롭게 하는 긍정적 측면이 있다고 생각했다.

러셀이 문제 삼은 것은 민족주의의 정치적 측면이었다. 민족주의는 인간의 평등과 존엄성에 대한 보편적 자각을 우리에게 가져다주기도 했지만, 다른 한편으로는 한 민족이 다른 민족을 지배하는 공격적이고도 파괴적인 에너지로 작용해왔다. **러셀이 염려한 것은 바로 민족주의가 보여준 집단 이기주의, 집단 광기, 집단 폭력이었다.**

내셔널리즘은, 개개인의 최고 충성은 마땅히 민족국가에 바쳐져야 한다고 느끼는 하나의 심리 상태다.

민족은 대개 다른 민족과는 구별되는 일정한 객관적인 제 요소, 이를 테면 같은 혈통, 언어, 영토, 정치적 실체, 관습과 전통 내지 종교를 가지고 있다. 그러나 그와 같은 제 요소 중의 어느 하나도 민족의 실존이나 정의定義에 본질적인 것이 되지 못함은 분명하다.

가장 본질적인 요소는 생동하는 적극적인 소속 의사다.

— 한스 콘, 차기벽 역, 〈민족주의〉(삼성미술문화재단 1974), 10~11쪽

한스 콘Hans Kohn, 민족주의 연구의 개척자로 알려진 미국의 철학자이자 역사학자의 설명에서 우리가 쉽게 짐작할 수 있듯이, 민족주의의 집단 의식을 뒷받침하고 있는 근거는 심리적이며 정서적인 '소속 의식'이다. 그런데 강대국에서는 이러한 정서적 소속 의식이 공격적 집단 이기주의로 발산되면서 제국주의적 침략과 전쟁으로 나타나기도 했다.

그런데 놀라운 것은, 동서양의 구별 없이 대부분의 민족국가에서 민족주의는 하나같이 그 구성원으로부터 폭넓은 공감을 얻고 있다는 사실이다. 어떤 용기 있는 개인도 이 집단 의식으로부터 이탈하기란 쉽지 않다.

그래서 민족주의는 그 민족 구성원이면 이유 없이 지켜야 할 '집단 지조'처럼 절대시되어 왔다.

어느 민족이든 그들의 민족사적 영웅이나 의인義人을 갖지 않은 경우는 드물다. 그들은 모두 자기 민족의 입장에서 보면 훌륭하고 위대한 사람들이다. 그런데 그중에 적지 않은 사람들이 그들의 이웃나라의 역사에는 악마로 기록되어 있음을 본다.

예를 들어, 을사늑약乙巳勒約, 1905년 직후 주한 일본 통감으로 부임해 국권피탈의 기초를 다졌던 한국 침략의 주범 이토 히로부미는 일본 역사에 위대한 정치가로 기록되어 있다.

그를 만주 하얼빈역에서 저격한 안중근은 한국 역사에 동양평화의 파괴자를 응징한 의인으로 기록되어 있는 반면에, 일본 역사에는 폭도로 기록되어 있다.

'옳든 그르든 내 나라'다 식의 집단 이기주의가 민족주의라면 그런 민족주의는 하루빨리 극복되어야 할 악령이다. 민족을 위해 목숨을 버렸다 해서 무조건 지조 있는 사람은 아니다. 오히려 **자기 민족이 인간의 보편적 정의에 반反할 때 이를 바로잡을 용기가 있는 자만이 지조를 논할 수 있다.**

우리는 그런 용기를 제2차 세계대전 당시 독일의 레지스탕스에서 찾아볼 수 있다.

나치의 집단 광기에 신이 나서 혹은 겁이 나 지식인, 종교인할 것 없이 살인의 전쟁놀이에 놀아났다. 그때 히틀러의 '위대한 독일'을 거부하고 그와 맞서 싸우다 죽어간 디트리히 본회퍼, 헬무트 몰트케 등 독일의 양심적 저항 세력은 우리에게 광신적 민족주의의 극복 가능성을 보여줬다.♦

강대국의 침략과 위협으로부터 자기 민족의 독립과 안전을 지키려는 방어적 민족주의는 그 정당성이 인정되어야 한다. 식민지의 확대를 위한 침략전쟁을 일으켜놓고 "일본 국민이여, 일어서라!"고 외치는 일본의 민족주의와 그들에게 빼앗긴 나라를 다시 찾기 위해 "조선인이여, 일어서라!"고 외치는 한국의 민족주의는 분명히 구별되어야 한다.

♦ 1944년 7월 20일, 독일 라슈텐부르크에 있는 히틀러의 작전 회의실에 시한폭탄을 장치하여 그를 암살하려는 기도가 있었다. 이 계획은 매우 과감하고 치밀하게 이루어졌지만, 히틀러는 부상만 당한 채 미수에 그쳤다. 이 암살 계획에는 독일의 지식인, 외교관, 군인 등이 참여했다. 이 모임의 초기 리더가 바로 크리스천이었던 헬무트 몰트케(나치 저항 운동인 크라이자우 서클의 지도자), 디트리히 본회퍼(독일의 루터교 신학자며 나치에 저항하다 처형된 순교자적 인물)였다. 그들은 히틀러를 죽이는 것만이 세계 평화를 회복하는 길이라고 믿었기에, 나치 독일을 멸망시키는 길에 앞장섰다.

비록 양자가 나름대로 논리의 일관성同一性을 확보하고 있을지라도 그 정당성名分은 전혀 다르다.

나는 우리나라가 세계에서 가장 아름다운 나라가 되기를 원한다. 가장 부강한 나라가 되기를 원하는 것은 아니다. 내가 남의 침략에 가슴이 아팠으니, 내 나라가 남을 침략하는 것을 원치 아니한다. 우리의 부력富力은 우리의 생활을 풍족히 할 만하고, 우리의 강력은 남의 침략을 막을 만하면 족하다.

오직 한없이 가지고 싶은 것은 높은 문화의 힘이다. 문화의 힘은 우리 자신을 행복하게 하고 나아가서 남에게 행복을 주기 때문이다.

나는 우리나라가 남의 것을 모방하는 나라가 되지 말고 이러한 높은 새로운 문화의 근원이 되고, 목표가 되고, 모범이 되기를 원한다. 그래서 진정한 세계 평화가 우리나라에서, 우리나라로 말미암아서 세계에 실현되기를 원한다.

– 김구, 〈백범일지白凡逸志〉

〈백범일지〉에 나타난 김구의 겨레 사랑의 마음은 민족주의가 가야 할 올바른 방향을 제시해주고 있다. 그러나 "인류 문명의 발전은 인간이 얼마나 각자의 민족 감정으로부터 벗어날 수 있느냐에 달려 있다.”는 존 액턴의 말은, 민족주의가 끝내는 극복되어야 할 이념임을 우리에게 일깨워준다.

종교와 이데올로기의 횡포

민족주의 못지않게 그 집단의 구성원으로부터 강한 집단 의식을 형성하고 있는 것이 종교와 이데올로기다. 세계 곳곳에서 일어난 숱한 전쟁과 분쟁은 그 동기가 거의 민족주의, 종교, 이데올로기와 무관하지 않음을 쉽게 발견할 수 있다.

제2차 세계대전, 한국전쟁, 이스라엘과 아랍 간의 전쟁, 이란과 이라크 간 전쟁, 레바논 내전, 수단의 장기 내전 등 예를 들자면 헤아릴 수 없이 많다.

정말 알 수 없는 것은 인류의 고민과 갈등을 해소하고 구원의 빛을 제시해야 할 종교가 오히려 갈등을 조성하고, 전쟁과 집단 폭력의 원인을 제공하고 있다는 사실이다. 특히 레바논 내전은 종교적 집단 이기주의가 서로 부딪쳐 집단 광기와 집단 폭력으로 나타난 대표적 예라 하겠다.

이데올로기 집단의 비인간성은 스탈린 치하의 소련의 예에서 쉽게 찾아볼 수 있다. 스탈린식 이데올로기 독재는 그후 동구 공산권과 제3세계에까지 영향을 미쳐 수많은 인권 유린으로 나타났다. 개발도상국의 우익 독재도 성격만 약간 달리할 뿐 그 폭력성과 광기에는 맥을 같이하고 있다.

약간의 예외를 제외하면 민족주의와 종교의 집단 의식은 그 구성원의 자발성에 의해 이루어지고 있지만, 집단 이데올로기의 경우에는 강압적 교육 독재에 의해 그 공감대를 형성해왔다는 점에서 더 비인간적이다.

지금까지 많은 사람은 지조를 개인 윤리의 문제로만 보고, 우리가 어떤 환경에 처하든 모든 것이 자기 하기 나름이라고 생각해왔다. 그러나 개인의 지조 문제는 언제나 사회적 상황과 그가 소속한 사회의 집단 의사혹은 집단 의식와의 관계 아래 놓여 있음을 이제 확인했다.

집단 폭력과 집단 광기 속에서 어떻게 개인의 지조가 가능할까? 이기적 집단 속에서 어떻게 개인의 이성적 행동이 가능할까? 뜻있는 개인이 비이성적 집단에 몸담고 있으면서 어떻게 그 집단을 이성화할 수 있을까?

이 물음은 지조를 생각하며 살아가려는 사람들의 영원한 과제다. 분명 개인은 너무나 자주 집단 앞에 그 허약성을 드러내 왔다. 그러나 역사가 있은 이래, 우리가 알고 있는 인간의 중요한 진보는 대개 세상의 악의에 찬 저항과 대결한 개인에 의해 이루어져 왔다는 러셀의 주장버트런드 러셀, 김승택 역, 〈러셀과의 대화〉(서문당, 1975), 126쪽은 지조인의 역사적 존재 가치를 일깨워 준다.

지금까지 우리는 지조라는 말을 '뜻을 지킨다'는 의미로만 이해해왔다. 이제 우리는 사회와 집단의 이성화理性化를 위해 지조의 또 하나의 뜻인 '뜻을 부린다편다'는 의미에 더 큰 관심을 가져야 할 때다.

'옳든 그르든 내 나라'다 식의
집단 이기주의가 민족주의라면
그런 민족주의는
하루빨리 극복되어야 할 악령이다.
자기 민족이 인간의 보편적 정의에 반할 때
이를 바로잡을 용기가 있는 자만이
지조를 논할 수 있다.

'옳든 그르든 내 나라'다 식의

변절이냐, 수정이냐,
역사적 희생이냐

사람이 살아있다는 것은 움직인다는 것을 의미한다. 그리고 움직인다는 것은 또한 변한다는 것을 뜻한다. 사람뿐 아니라 자연도 끊임없이 움직이고 변한다. 그럼에도 불구하고 우리는 무언가 변하지 않아야 할 것이 있어야 한다고 믿으며, 무언가는 변하지 않기를 바란다.

특히 가치와 신념의 세계에서 우리는 변하지 않는 미덕을 오랫동안 찾아왔다. 지조는 그 미덕 중 하나다.

엉터리 보수주의자는 변화는 위험이며, 그것은 곧 변절과 변질을 의미한다고 생각한다. 이와 반대로 엉터리 진보주의자는 변화는 곧 발전이며, 진보라고 생각한다.◆ 그러나 변화 그 자

체는 선도 악도 아니다. 문제는 '무엇이 어떻게 변하느냐' 하는
데 있다.

　우리는 '지조를 지킨다'는 말을 흔히 쓴다. 이 말이 암시하듯
이 지조는 무언가 변하지 않는 것을 요구하고 있다. 여기서 '지
킨다'는 말은 변화로부터 본래의 상태를 고수함을 의미한다. 이
러한 통념 때문에 학문이든, 관습이든, 제도든, 무조건 옛것을
그대로 지키는 것이 지조인 줄로 오해하기 쉽다.
**적지 않은 사람들은 합리적 변화도 무조건 변절로 매도하고,
잘못된 신념도 굽히지만 않으면 지조로 평가한다.** 우리의 역사

♦ 우리가 흔히 사용하고 있는 '진보주의'라는 말은 '보수주의'라는 말에 비
해 용어 자체에서 상대적으로 더 가치 있는 듯한 느낌을 준다. 그래서
많은 사람들은 이러한 용어가 주는 선입견의 함정에 빠져 있다. 나는
가치 중립적 용어로써 '보수주의' 대신에 '유지주의'가, '진보주의' 대신
에 '변화주의'가 일단은 적합하다고 생각한다. 이럴 경우 바람직한 '변화
주의'는 '진보'를 낳고, 잘못된 '변화주의'는 '퇴보'를 가져올 수도 있다는
사실을 쉽게 이해할 수 있게 된다. '유지주의'의 경우도 바람직한 경우
와 잘못된 경우에 따라, 역사의 안정된 '진보'에 이바지할 수도 있고 역
사의 '정체'나 '퇴보'의 원인이 될 수도 있기 때문이다. 그런 의미에서 진
보주의와 보수주의라는 말은 새로운 패러다임에 의해 다시 정의되어야
한다.

를 되돌아보면, 후세의 사람들로서는 납득하기 어려운 잘못된 신념이나 고집 때문에 일을 그르친 예가 한두 번이 아니다.

변화는 우리에게 불가피한 것이다. 우리가 이 변화를 무조건 거부하거나, 이에 제대로 적응하지 못하면 자칫 시대의 낙오자로 전락하게 된다.

우리는 1980년대 말부터 시작된 동유럽 공산권 국가들의 빠른 변화를 바라보며 놀라움을 감추지 못했다. 좀처럼 무너지지 않을 것 같던 그 이념적 폐쇄의 장벽이 그토록 쉽게 허물어지리라고는 누구도 상상하기 어려웠다.

그후 동유럽 공산권 국가들은 이 변화의 소용돌이에 적응하기 위해 몸살을 앓았다. 이처럼 변화가 때로는 도도한 역사의 흐름이어서 개인은 물론 국가마저도 이를 거부하기 어려운 경우가 허다하다.

지조를 지킨다고 해서 변화를 두려워할 필요는 없다. 변화를 두려워하는 자는 역사를 바꿀 수 없다. **지조는 '뜻을 지키는 것만이 아니고, 뜻을 창조적으로 펴는 것'을 함께 의미하고 있기 때문이다.**

수정과 변신의 논리

조선시대의 학문적 논쟁 중에서 가장 대표적이며 모범적인 예로, 퇴계 이황과 고봉 기대승 사이에 8년 동안 주고받은 사단칠정논쟁四端七情論爭을 꼽는다. ◆

나이로 보나 당시의 학문적 명성으로 보나 기고봉은 이퇴계에 비할 바 아니었다. 그러나 두 사람 사이에 '사단칠정'의 해석을 놓고 오간 논변論辯은 매우 진지했다. 이 학문적 대화의 과정에서 이퇴계는 기고봉의 주장 중 옳다고 생각되는 부분을 받아들여 자신의 이론을 일부 수정했고, 기고봉 역시 그가 미처 깨

◆ 사단칠정론(四端七情論)은 조선시대 철학의 대표적 주제의 하나였다. 사단칠정론이란 쉽게 설명해서, 존재론 내지 자연철학적 개념인 이기(理氣)와, 심성론(心性論)의 개념인 사단(仁, 義, 禮, 智)과 칠정(喜, 怒, 哀, 樂, 愛, 惡, 欲)의 관계를 밝히는 이론이다. 이 논쟁의 시발은 퇴계 이황이 '四端理之發 七情氣之發'이라 하면서, '사단'은 순선(純善)이고 '칠정'은 유선악(有善惡)이라고 주장한 데 대해, 고봉 기대승은 '칠정'에 사단이 포함되어 있다고(七包四) 보고 '칠정'은 '兼理氣有善惡'이므로 '理氣共發'을 주장했다. 두 사람이 서로의 의견을 주고받는 과정에서 퇴계는 마침내 '理發氣隨 氣發理乘'이라 하여 '理氣互發'로 자신의 의견을 수정했다.

닫지 못했던 부분을 시인하고 자신의 주장 일부를 철회하여 이퇴계의 이론에 승복했다.

우리가 여기서 배우고자 하는 것은, 자기의 주장이 잘못되었다고 생각하면 서슴지 않고 수정하는 태도다.

논어에도 "군자는 잘못이 있으면 고치기를 서슴지 말아야 한다."過則勿憚改, 論語 學而八는 말이 있다. 수정은 결코 변절이 아니다. 잘못의 수정을 두려워하지 않는 자만이 바른 뜻을 세울 수 있다.

1980년대 말 소련에서는 고르바초프의 페레스트로이카를 놓고 찬반의 소리가 엇갈리고 있었다. 고르바초프의 개혁 정책을 비판하는 보수주의자들은 페레스트로이카를 가리켜 마르크스주의 기본 정신을 변질시키는 수정주의라고 비난했다.

그들의 주장처럼 페레스트로이카는 분명히 수정주의다. 그러나 그 '수정'은 그때까지 스탈린주의에 갇혀 동맥경화증에 걸려 있던 소련의 정치와 경제를 민주적 방향으로 개혁하려는 수정이었다. 그래서 그의 개혁 정책은 전 세계의 비상한 관심을 끌었던 것이다. ♦♦

이와 때를 같이하여 한국사회에서도 '신사고新思考'라는 말이 화제가 되었다. 1990년의 벽두에 온 국민을 당황하게 만들었던 민정, 민주, 공화 3당의 합당은 종래의 정치 논리로는 이해하기 어려운 충격적 사건이었다.

특히 스스로 정통 야당의 법통을 이어 왔다고 주장했던 통일 민주당이 야당의 길을 버리고, 그들이 종식의 대상으로 보았던 민주정의당과 합당한 것은 상식적 논리로는 설명이 되지 않는다. 그래서 민주당 사람들이 내세운 것이 소위 '신사고'였다. 세계가 경천동지驚天動地할 만큼 변하고 있는데, 이에 능동적으로 대처하기 위해서는 새로운 발상법과 사고의 전환이 필요하다

◆◆ 고르바초프의 개혁, 개방 정책은 그의 예상을 뛰어넘는 속도로 진행되었다. 이 과정에서 공산당 내 수구 세력이 쿠데타를 시도했고, 이를 진압하는 과정에서 드러난 고르바초프의 석연찮은 태도가 문제되어 비판을 불러일으켰다. 이후 그의 정치적 입지는 급속히 약화했고, 마침내 소비에트 연방은 해체에 이르렀다. 그는 권좌에서 물러나 러시아 공화국의 한 시민으로 돌아갔다. 그후 러시아를 비롯한 대부분의 구동구권 공산국가는 급격한 변화에 적응하는 과정에서 엄청난 진통을 겪었다. 그럼에도 불구하고 고르바초프의 개혁은 '인간다운 사회'를 회복하려 했다는 점에서, 역사적 정당성을 가진 시도로 평가된다.

는 것이 그들의 주장이었다.

그리고 지금까지 우리와 적대관계에 있던 소련이나 중국과도 화해하자는 마당에, 국내의 같은 보수 정당끼리 화합하는 것이 무엇이 나쁘냐고 그들은 반문했다. 언뜻 들으면 그럴듯한 주장 같지만 궁색한 변명이다.

그런데 3년 후 우리의 판단을 매우 조심스럽게 만드는 일련의 일들이 일어나기 시작했다. 3당 합당 이후 군사정권에 그 뿌리를 둔 민정, 공화계의 절대다수 세력에 의해 수모에 가까운 정치적 협공을 받았던 정통 야당인 통일민주당 출신 지도자 김영삼은 이 난관을 극복하고 여당인 민자당의 대통령 후보가 됐고, 14대 대통령 선거에서 승리했다.

그런데 우리의 놀라움은 그의 대통령 당선이 아니라 그가 대통령 취임 후 보여준 과감한 개혁 작업이었다. 그는 3당 합당 후 '야합이다', '변절이다' 하는 비난을 받을 때마다, 자기 자신은 "호랑이를 잡기 위해 호랑이 굴에 뛰어들었다."는 말로 변명을 삼았다.

그런데 그가 대통령 취임 후 결행한 일련의 개혁 조치는 국민의 예상을 뛰어넘을 만큼 과감했다. 그는 정치군인들을 몰아냈고, 많은 비민주적인 관행들을 고쳤으며, 과거에 정치권력이 저지른 비리들을 파헤쳤고, 금융실명제와 부동산실명제 실시 등 제도적 개혁도 추진했다. 그리고 마침내 12·12 군사 반란과 5·17 쿠데타로 정권을 잡았던 전두환, 노태우 두 전직 대통령을 구속, 사법 처리함으로써 왜곡된 역사를 바로잡는 용기를 보여줬다.

국민들은 김영삼 정부를 30년 만에 되찾은 '문민정부'라 불렀고, 취임 초기에 실시한 각종 여론 조사에서 그는 한때 90%가 넘는 압도적 국민의 지지를 받기도 했다. 이를 두고 그를 지지했던 사람들은 "정치사에 개혁의 대상 안으로 들어가 그들을 개혁하는 새로운 모델을 만들었다."고 김영삼식 정치 행태를 설명했다.

그러면서 당시의 정치 상황에서는 그것이 선택할 수 있는 최선의 길이었다고 합당의 불가피성을 변명했다. 그러나 이런 일련의 긍정적 성과에도 불구하고 김영삼 정부의 개혁은 결국 시련과 좌절로 끝났다.

그 이유는 ① 김영삼 정부 안에 개혁의 대상인 유신, 5공, 6공 정권의 부패한 수구 세력이 내재해있었으며, ② 구정권에서 길들여진 부패하고 무능한 직업관료 집단이 물갈이되지 않은 채 그대로 있었고, ③ 반대와 흔들기에만 익숙해있던 야당이 개혁의 과정에서 있을 수 있는 개혁 대상의 불만을 정치적으로 악용했으며, ④ 부패하고 무원칙하며 천박하기까지 한 언론의 무책임한 보도 행태가 일을 그르치는 데 큰 몫을 했다.

그러나 가장 근본적인 원인은 김영삼 자신이 3당 합당 과정에서 정치의 도덕적 정당성을 상당 부분 훼손해놓았기 때문이다. 여기에 김영삼식 변신의 자기모순과 한계가 있다.

김영삼 정권 출범 이후 야당 지도자들도 개인의 정치적 욕심 때문에 국민들과의 약속을 깨고, 말을 바꾸고, 수구 세력들과 손을 잡는 등 정치 논리의 총체적 혼란이 가속화되었다.

김영삼의 민주화 투쟁의 동지였고, 정치적 라이벌이었던 김대중은 14대 대통령 선거에서 김영삼에게 패배한 후 정계 은퇴를 국민들 앞에 선언했다. 그러나 얼마 후 이 약속을 깨고 정계에 복귀한 뒤, 정당성 없는 논리로 그의 추종자들을 민주당에서 탈당시켜 '새정치국민회의'라는 또 하나의 야당을 새롭게 만들었다.

그는 제1야당을 분열시키는 데 그치지 않고 1997년의 15대 대통령 선거에서는 '정권 교체'라는 미명 아래 5·16 군사 쿠데타의 주역이었던 김종필이 이끄는 '자유민주연합'과 손을 잡았다. 동등한 지분의 '공동 정권'과 15대 국회 임기 내의 '내각제 개헌'을 담보로 양당의 단일 후보가 되어, 선거에 승리함으로써 마침내 그의 30년 숙원인 '대통령의 꿈'을 이뤘다.

이처럼 김영삼에서 김대중으로 이어지는 정치 지도자의 변신은 정치권 전체에 정치적 논리를 무너뜨리는 아노미 현상을 가져왔고, 정치적 논리의 총체적 도미노 현상을 몰고 왔다.

변화해야 할 때 변화하는 것 자체가 비난받을 일은 아니다. 그러나 개인이든 집단이든 간에, 자기동일성을 부정하는 변신은 자기혁명이 아니면 자기분열이다.

여러 차례의 전과 기록이 있는 살인범이, 사람을 죽이는 일이 얼마나 악하고 반인간적인 행위인가를 깨닫고, 다시 태어나는 아픔으로 지금까지의 자기를 부정하고 새롭게 변신하는 것은 분명 정신적 혁명이다.

이런 경우, 우리는 그의 변신에 대해 비난이 아니라 아낌없는 찬사를 보내야 할 것이다. 비록 그가 관계했던 살인 범죄 집단의 동료들이 그를 가리켜 '의리를 저버린 배신자'라고 비난할지라도 그의 변신은 전적으로 정당하다.

마찬가지 논리로, 마약을 밀조하여 판매하기 위해 모인 지하 조직이 철저한 자기반성과 회개의 과정을 거쳐 어느 날 무공해 농산물을 생산하는 집단 농장으로 변신한다면, 이들의 변신도 비난받을 일은 아니다.

역사적 상황의 변화에 따라 정치 논리를 합당하게 수정하거나, 새로운 정치 집단을 형성하는 것 자체도 비난받아서는 안 된다. 그러나 어떤 정치인이나 정치 집단이 지금까지 일관되게 극복과 부정否定의 대상으로 삼았던 이질적 정치 집단과 '단순히 정치적 이해관계 때문에' 어느 날 갑자기 야합한다면, 이는 국민을 기만하는 행위다.

정치인이 자기의 정치적 신념의 동일성을 포기하는 행위나, 정치 집단이 자기의 정치적 정체성을 부정하는 행위는 자기혁명이 아니라 정치적 자기분열이다. 신념적 자기동일성을 포기하는 행위를 우리는 '변절'이라고 말한다.

그러나 우리는 편협하고 고식적인 지조의 논리로 시대의 흐름을 놓치는 어리석음을 경계해야 한다. 새로운 시대를 맞기

위해서는 적대 세력과의 화해나 타협을 통한 한 시대나 일의
마감이 필요한 경우가 있다. 때로는 한 시대가 만들어낸 '한시
적 역사의 논리'를 그 시대와 함께 마감하는 용기와 지혜가 창
조적 가치를 생산할 수 있게 한다.

가령 냉전시대가 만들어낸 미국과 러시아의 적대관계가 동구
공산권 몰락이라는 도도한 역사의 흐름 속에서 마감되고, 세계
의 평화를 위한 화해와 협력의 단계로 재정립되는 것은 자연스
러운 일이다.

변절과 자기합리화

독일의 시인 괴테는 자기 나라를 침공했던 나폴레옹에 대해
대단한 호감을 가지고 있었다. 프랑스 군대가 독일을 침공했을
당시 많은 독일인이 이와 맞서 싸웠으나, 그는 지식인으로서
아무런 일도 하지 않았다.

후에 "왜 이 민족적 시련의 시기에 조국을 위해 아무런 행동
도 하지 않았느냐?"는 힐책에 대해, 그는 다음의 이유를 들어
변명했다.

① 이미 육십이 넘은 나이로 청춘의 힘이 없는데 어떻게 증오의 정열이 남아 있겠으며, 증오가 없으니 무기를 들 수 없었다. ② 프랑스인은 지구상에서 가장 높은 문화를 가진 국민이요, 자기 교양의 대부분이 프랑스 국민에게 힘입었는데, 문화의 은인인 그들을 증오할 수 없었다.

이 어처구니없는 자기합리화는, 괴테가 문학적으로는 상당한 경지에 이르러 있었는지 모르나 세계와 인간의 역사를 이해하는 데는 너무나 현실 감각이 부족했음을 짐작케 한다. 이 변명에서 보면, 괴테는 침략자 나폴레옹과 문화적 민족인 프랑스 국민을 너무나 안이하게 어쩌면 고의적 궤변으로 일치시키고 있다.

그는 강한 증오는 문화가 낮은 단계에 있을 때 일어나는 감정이며, 높은 문화의 경지에 이르면 이웃나라 국민의 행복이나 슬픔을 자신의 것처럼 느끼게 된다는 일반론으로 나폴레옹에 대한 그의 호감을 정당화하고 있다. 외국의 침략으로 고통받는 자기 민족의 아픔은 외면한 채, 침략국을 너그럽게 이해해야 한다는 것이 그의 고상한 문화론이라면 정말 이해할 수 없는 논리다.

1808년 10월 괴테는 나폴레옹과 직접 만나는 '영광'을 맛보았다. 그는 나폴레옹을 만나 본 후, 나폴레옹이야말로 유럽 대륙의 위대한 관리자일 뿐 아니라 자기의 문학을 깊이 이해하는 교양인이라고 찬사를 아끼지 않았다.

이런 어처구니없는 판단은 당시 자기 분야에서 괴테만큼이나 이름이 높았던 베토벤과 헤겔에게서도 찾아볼 수 있다. 베토벤은 나폴레옹을 위해 그 유명한 교향곡 제3번 〈영웅〉을 지었고 **뒤에 이를 철회했지만**, 헤겔은 새벽녘 나폴레옹 군대가 그가 살던 도시로 입성하는 소리를 들으며 "저기 세계정신이 온다."고 찬양한 바 있다.

침략자 나폴레옹을 그의 철학의 최고 개념인 '세계정신'으로 생각한 헤겔의 상식은 어디에 근거하고 있었는지 이해가 가지 않는다. **현실을 떠난 '위대한 철학적 판단'이 때로는 '소박한 상식'에도 미치지 못함을 보여주는 좋은 예라고 하겠다.**

괴테와 헤겔의 경우를 두고 우리는 '변절'이라고 해야 할지 '어리석음'이라고 해야 할지 쉽게 판단하기는 어렵다. 그들의 행동이 비겁함에서 나온 것이 아니라 잘못된 소신에서 나온 것이라면, 그들을 변절자라고 말할 수는 없다. 이런 경우 비난받아야 할 것은 그들의 잘못된 판단과 신념 체계다. 그러나 그것

이 변절이었든 어리석음이었든, 당대의 대표적인 지식인으로
서 비난받아 마땅한 행동을 한 것만은 분명하다.

우리의 현대사는 이보다 훨씬 더 아픈 지식인의 변절사를 가
지고 있다. 특히 일제 식민지시대는 수많은 지식인을 정신적
불구자로 만들어놓았다. 동경 유학 시절에 ‘2·8 독립선언서’[*]를
썼던 이광수와 ‘3·1 독립선언서’를 쓴 최남선 등 이 땅의 대표적
지식인들이, 35년이라는 긴 질곡의 시간을 견디지 못하고 민족
정신의 파탄자로 전락했다.

그런데 8·15 광복 이후 꼭 한 번 걸러야 했을 변절자의 심판
이 반민특위의 좌절로 무산되자, 이 땅엔 또 다른 변절의 악순
환이 거듭되고 있다.

**변절자는 변절의 솜씨만큼이나 교활한 변명의 요령을 터득하
고 있다.** 어떤 친일 문학인은 8·15 광복 후 40여 년이 지난 시

---

[*] 1919년 2월 8일, 일본의 조선 유학생 6백여 명은 동경의 기독교 청년회
관에 모여서 독립을 요구하는 선언서와 결의문을 발표했다. 이 사건은
국내에서 독립운동을 모색하던 인사들에게 큰 자극이 되어 마침내 전
국적인 독립운동으로 발전하게 된다(이기백, 〈韓國史新論〉, 401쪽).

점에 발표한 자전적 이야기에서 자기 자신을 일제에 박해받은 우국적 지식인으로 교묘히 각색해놓았다.

그러나 마르크 블로흐Marc Bloch, 유대계 프랑스인 역사학자, 소르본대학 경제사 교수를 역임했다. 제2차 세계대전 때 레지스탕스운동에 투신했다가 독일군에 체포되어 처형당했다의 말처럼, 허위와의 타협은 어떤 구실을 붙이든 간에 인간 정신의 궁극적 부패의 표징임은 역사가 아무리 바뀌어도 진리다.

변절과는 다른 역사적 희생

조선시대의 역사에서 지조의 문제를 연구하는 데 좋은 사례가 되는 것이, 병자호란 때에 항서降書를 기초한 최명길과 '대청황제공덕大淸皇帝功德碑'를 쓴 이경석에 대한 상반된 평가다.

병자호란 당시, 강화도로 가려던 인조 일행이 그 퇴로를 차단당해 황급히 피신한 곳이 남한산성이다. 그때 방어를 위해 성 안에 함께 들어간 병사가 1만 3천여 명이었는데, 가져간 양식은 겨우 50일분에 불과했다. 그해 따라 유난히 추위가 심했던 한겨울이라, 시간이 지나면서 노숙하던 병사들은 추위와 굶주

림으로 병들고 얼어 죽는 자가 늘어났다. 이런 상황에서 40여 일을 보냈다.

성 밖에는 청나라 태종 홍타이지가 지휘하는 20만의 적군이 산성을 포위하고 있었고, 조선 왕을 구해줄 명나라의 원병이나 국내 의병의 봉기도 기대하기 어려운 처지였다. 무법천지가 된 성 밖에는 청나라 병사들이 무고한 백성을 죽이고, 노략질하고, 부녀자를 겁탈하고, 어린아이들을 길바닥에 버리는 등 온갖 만행을 저지르고 있었다.

그런데 성 안에서는, 청나라와 싸울 것인가 강화講和할 것인가를 놓고 조정의 신하들 사이에 갑론을박이 계속되었다. 말이 강화지 그것은 사실상 항복을 뜻하기에, 주화론主和論은 굴욕적인 주장일 수밖에 없었다.

이 부담스러운 주장에 앞장섰던 사람이 최명길이었다. 그는 김상헌 등 척화론자斥和論者들의 거센 반대에도 불구하고 적과 강화하는 결정을 이끌어냈고 스스로 항복문을 작성했다. 그리고 인조는 남한산성에 피신한 지 47일 만에 성을 내려와 삼전도지금의 송파에 마련된 수항단受降壇에서 청나라 왕에게 항복의 예를 올렸다.

그후 청나라는 이 자리에 청 태종 공덕비의 건립을 조선 측에 요구해왔고, 인조는 어쩔 수 없이 이를 받아들여 그 자리에 '대청황제공덕비三田渡碑'를 세우게 되었는데, 그 굴욕적 비문을 쓴 것이 예문관 부제학 이경석이었다.

당시의 상황으로 보면 이경석이 이 글을 쓴 것은 불가피했던 것 같다. 어떻게 보면 그때 최명길과 더불어 현실론의 대표적 인물이었던 그로서는, 어차피 난국의 수습에 나서야 할 처지에 있었기에 스스로 비문 쓰기를 결심했을지도 모른다.

그런데 그후 30년이 지난 현종 때에 이르러 이 비문의 찬술撰述과 굴욕적인 내용이 노론과 소론 사이의 시빗거리로 등장한 것이다. 당시 이경석을 비판하는 데 앞장섰던 사람은 노론 측의 우암 송시열이었다. 송시열은 이경석이 청나라에 아첨하여 일생을 행세하는 데만 신경을 쓰고 우리의 원통함은 말할 의사조차 없었던 사람이라고 매도했다.

이러한 시비는 두 사람이 죽은 후에도 계속돼, 이경석과 같은 소론의 박세당은 오히려 그를 가리켜 나라를 위해 가문을 잊고, 임금을 위해 일신을 돌보지 않은 성실한 신하였다고 칭송했다.

이경석은 위기의 역사적 상황에서 명분론보다는 국가의 안위와 실리를 먼저 생각한 현실주의 정치인이었다. 두 번의 호란胡亂을 겪은 후, 그는 당시 조정의 지배적 정서였던 '명나라와의 의리'에만 얽매이지 않고 현실적 강국인 청나라와의 관계를 원만히 함으로써 우선 국가의 안정을 도모하려 했다.

그는 병자호란 후 심양으로 가서, 끌려간 척화파斥和波 사람들을 구해내는 데 외교적 수완을 발휘했다. 훗날 은밀히 추진되던 효종의 북벌 계획이 청나라에 탄로 나서 나라가 위기를 맞았을 때도 왕을 대신해 모든 책임을 자신이 지고 나섬으로써, 청나라에 의해 의주의 백마산성에 구금됐다가 효종의 간청으로 일 년 만에 풀려난 적도 있었다.

이제 우리는 최명길과 이경석을 어떻게 평가해야 할 것인가? 분명한 것은 그들이 일신의 영달을 위해 항서降書와 비문을 쓰지는 않았다는 사실이다. 당시의 상황으로 보면 누군가는 이 욕된 역할을 해야 했고, 그 역할을 이조판서 최명길과 부제학의 자리에 있던 당시 대제학은 공석이었다 문장가 이경석이 맡은 것이다. 대청황제공덕비의 경우, 당시 그 누구도 이를 쓰지 않으려 했다.

그들은 변절자가 아니다. 그들은 어쩌면, 역사적 상황이 누

국가의 희생을 요구할 때 어쩔 수 없이 희생양의 자리에 섰던 것인지도 모른다. 그래서 그들의 이름은 당시 척화론을 폈던 삼학사나 김상헌만큼 우리에게 기억되지 않고 있다. 그러나 당시에 비난받던 그들의 행동은 오늘에 와서 용기 있는 행동으로 재평가되고 있다.

조지훈은 병자호란 때 김상헌이 찢은 항서를 도로 주워 모은 최명길이 그 자리에서는 비난받기도 했지만, 결코 변절자는 아니라고 변호했다. 그는 오히려 남다른 신념과 용기를 가진 줏대 있는 사람이라는 것이 조지훈의 생각이었다.

정치인이 자기의 정치적 신념의
동일성을 포기하는 행위는
자기혁명이 아니라 정치적 자기분열이다.
신념적 자기동일성을 포기하는 행위를
우리는 '변절'이라고 말한다.
변절자는 변절의 솜씨만큼이나 교활한
변명의 요령을 터득하고 있다.

지고도 이기는 게임과 지지 않는 게임

우리는 앞서, '지조 지킴'이 얼마나 괴로운 일이며 가혹한 고난인가를 순절자들의 죽음을 통해 살펴본 바 있다. 역사에 나타난 지조인들의 생애는 세속적 가치관으로 보면, 대개 실패나 비극으로 끝난 경우가 많다.

현실 정치의 논리로 보면 정몽주는 이성계에게 패배했으며, 성삼문과 사육신은 수양대군과 그 일당에 의해 비극적 죽임을 당했다. 적지 않은 경우, 그들의 희생은 그들 자신만으로 끝난 것이 아니라 삼족이 화를 당하는 끔찍한 참극으로 나타나기도 했다.

그렇다면 옛 지조인들은 체질적으로 패배주의자였을까? 아니면 자기의 비극적 희생을 스스로 즐긴 나르시시스트들이었을까? 그들의 비극적 죽음을 현장에서 지켜본 속물적 당대주의자들은 아마 '그런 사람들'이라고 비아냥거렸을지 모른다.

그러나 역사의 미래를 믿는 사람들은 순결한 희생자의 피가, 보이지 않는 화살이 되어 심장을 찌르고 있음을 아프게 느낄 수 있다. 하나님은 선한 사람이나 악한 사람에게 다 같이 비를 내리지만, 뜻의 씨앗은 역사의 미래를 믿는 자의 마음밭에서만 싹트고 자라왔다.

그러기에 자기의 생애에서가 아니라 인간의 역사에서 희생의 결실을 기대하는 사람에겐, 그의 행위가 정당하면 그 행위의 결과가 실패나 비극으로 끝난들 무슨 상관이 있겠는가.

지고도 이기는 게임, 여기에 인간 역사의 깊은 의미가 숨어 있다. 그 대표적인 예가 예수 그리스도의 죽음이다. 세계사는 그의 죽음이 위대한 패배, 아름다운 패배임을 충분히 증명하고 있다. 더없이 절망적인 패배를 통해 가장 희망적인 승리를 보여준 십자가의 의미 체계에서 우리는 역사에 대한 믿음을 배우게 된다.

지나친 자기 학대의 껍질을 깨자

수양산 바라보며 이제夷齊를 한하노라

주려 죽을진들 채미採薇도 하는 것가

아모리 푸새엣 것인들 그 누 따헤 낫더니

　지은이 성삼문의 고절高節의 향기가 물씬 풍기는 시다. 그는 이 시에서 중국인들이 지조의 상징처럼 자랑하는 백이와 숙제의 철저하지 못한 처신을 짐짓 나무라고 있다. 이 나무람 속에서 우리는 자기 철저함을 넘어, 자기 학대의 느낌마저 주는 가혹한 선비정신의 칼날을 본다.

　옳지 못한 주나라 땅에서는 한 톨의 곡식도 먹지 않겠다며 수양산으로 들어가 고사리만 캐어 먹고 살다가 죽은 백이와 숙제에게, 수양산도 주나라 땅인데 굶어 죽으면 죽었지 왜 거기서 나는 고사리는 캐어 먹느냐고 나무라는 성삼문의 진의는 어디에 있을까?

　백이와 숙제는 호오好惡에 따른 행동이 너무나 분명하여, 맹자 같은 사람도 그 편협함은 군자가 취할 바 아니라고 했는데孟子, 公孫丑章句 上, 九, 성삼문은 오히려 그들에게 더 철저하고 엄격

한 행동을 요구했다. 물론 시詩의 내용은 수사법적 융통성을 가지고 이해해야 한다. 하지만 이를 감안하더라도 우리는 이 시에서 그가 살던 시대어쩌면 전제 군주시대 전반의 보편적인 '지조의 문법'이, 단순히 기개를 넘어선 '지나친 자기 규제'에 근거하고 있음을 쉽게 짐작할 수 있다.

한 개인의 인격적 완성은, 물론 그 개인이 노력해야 할 몫이다. 그러나 개인이 인격을 형성하고 행동을 결정하는 데는 정치 경제적 여건과 사회 문화적 환경이 크게 영향을 미치고 있음 또한 명백하다. '똥이 무서워서 피하나, 더러워서 피하지' 하는 소극적 생각이, 경우에 따라서는 사회 전체를 똥 덩어리로 가득 차게 만든다. 그리고 결국에는 그로 인해 자기 자신마저 어쩔 수 없이 더러운 냄새를 풍긴다.

백이와 숙제만 해도 그렇다. 그들은 자기네가 좋아하지 않는 사람들을 만나려 하지 않았고, 자기네가 싫어하는 말은 들으려 하지 않았으며, 자기네가 싫어하는 일은 하려 하지 않았다. 그들은 원래 은나라 고죽孤竹 땅 사람들로 폭군 주왕紂王을 피해 변방에 있던 주나라에 와서 숨어 살았다. 당시 주나라는 은나라의 봉건영지封建領地였는데, 무왕에 이르러서는 힘이 강대해서

은나라 주왕을 토벌하게 되었다.

이때 백이와 숙제는 그것이 신하된 도리에 어긋난다 하여 말렸으나, 무왕은 끝내 그들의 만류를 듣지 않았다. 백이와 숙제는 옳지 못한 짓을 하는 주나라 땅의 곡식을 먹지 않겠다며 수양산에 들어가 고사리를 캐어 먹다가 굶어 죽었다. 자기의 몸을 깨끗이 하고 뜻을 지키기 위해, 끝없는 회피와 도피 끝에 스스로 굶어 죽은 그들의 가혹한 자기 규제는 어딘가 편집성偏執性마저 느끼게 한다.

무왕이 주왕을 죽이고 역성혁명易姓革命을 한 것이 '정당하냐, 그렇지 못하냐' 하는 문제에 대해서는 상반된 두 가지 견해가 있다.

백이와 숙제처럼 아무리 왕이 폭군이라 할지라도 신하가 왕을 죽이는 것은 부당하다는 입장이 그 하나다. 이와는 달리 인도仁道와 의리義理를 해치는 자는 이미 왕이 아니라 한 사람의 필부匹夫이니, 주왕을 죽인 것은 왕을 죽인 것이 아니라 잔적殘賊을 일삼는 필부 한 사람을 죽인 데 불과하다는 것이 또 하나의 입장이다孟子, 梁惠王章句 下, 八. 이 입장을 대표하는 사람이 바로 맹자며, 그의 주장은 후세에 보다 폭넓은 공감을 얻고 있다.

이제 껍질 속으로 움츠러들기만 하던 지조의 시대는 지났다. 인간의 인간다움을 가로막는 숱한 장애물이 바로 개인의 지조에 걸림돌이 되고 있다면, 이는 혁파되어 마땅하다. 만약 성삼문이 이 시대에 살았으면 아마 이런 시를 지어야 하지 않았을까.

땅은 거기 뿌리내린 민초의 것인데

이제 夷齊여, 누굴 위해 풀 캐 먹다 주려 죽었는가

귀한 뜻 수양산에 묻지 말고

민초 무성한 거친 들에 심을 것을

그래도 패배는 미덕이 아니다

행위가 정당하면 그 결과가 실패나 비극으로 끝났다고 조금도 부끄러워할 것은 없다. 그러나 또 하나 분명한 것은, 패배 그 자체가 결코 미덕은 아니라는 사실이다.

중국의 춘추전국시대에 있었던 이야기다. 송나라와 초나라 사이에, 홍수泓水 강가에서 전쟁이 벌어졌다. 송나라 양공의 군대는 이미 강가에 진지 구축을 마치고 적을 기다리고 있었다.

그러나 초나라 군대는 아직 강을 건너는 중이어서 제대로 전투 태세를 갖추지 못한 상태였다.

이때 그의 서형庶兄, 서자로 태어난 이복형이요 사마司馬, 군사와 병마를 담당하는 관직인 목이가 양공에게 기습 공격을 진언했다. 적군의 수가 아군보다 훨씬 많으니, 강을 건너기 전에 기습 공격을 해야만 이길 수 있다는 것이 그의 설명이었다. 그러나 양공은 그의 권유를 받아들이지 않았다.

양공은 군자가 어찌 적의 어려움과 약점을 이용할 수 있겠느냐고 하면서, 적이 도강을 마치고 진을 갖출 때까지 기다렸다. 싸움의 결과는 송나라 군대의 참패로 끝났고, 그는 큰 부상을 당했다. 그렇게 하고서도 그는 "군자는 부상자를 해치지 않고, 노인을 사로잡지 않으며, 어려움에 있는 적을 괴롭히지 않는다고 했다. 나도 진지를 구축하지 못한 적을 괴롭히지 않았다."고 말해 사람들의 비웃음을 샀다. 후세에 양공의 이러한 행동을 두고 송양지인宋襄之仁이라는 말이 생겼다. 어리석은 너그러움과 감상적 사랑을 일러 하는 말이다.

싫든 좋든, 우리가 사는 사회에는 이런저런 형태의 폭력이 존재한다. 우리는 이를 미워할 수 있을지언정 외면할 수는 없다.

지조를 지키는 과정에서 '폭력을 수용할 것이냐, 거부할 것이냐' 하는 문제는 견디기 어려운 갈등이다.

만약 어떤 경우에도 폭력을 거부해야 한다면, 그것은 하나의 이상주의지 현실적 대처는 아니다. 더욱이 전쟁이라는 구조적 폭력 놀이에서 감상적 관용과 낭만적 박애는 일 전체를 그르치기 쉽다. 우리의 일상에서도 순수한 관용과 박애마저 능멸당하고 비웃음을 사기 일쑤다.

물론 어떤 일의 목적이 아무리 좋아도 수단이 좋지 않으면, 그 일은 정당성을 확보하기 어렵다. 따라서 **'지조 지킴'의 기조는 비폭력에 있다. 그러나 지조는 언제나 그 선택이 제한되어 있는 현실적 상황에서의 문제며, 거기에는 '절대적인 최선'은 존재하지 않는다. 그래서 정당성을 지키려는 방어적 폭력은 현실적으로 불가피한 경우가 많다.**

다만 그런 경우라도 수단의 선택에는 깊은 고뇌와 절제가 필요하다. 예나 지금이나 수단의 제한 없이 공격할 수 있는 측에 비해, 정당한 범위 안에서 싸워야 하는 측은 엄청난 핸디캡을 안고 있다. 여기에 '지조 지킴'의 원천적 어려움이 있다.

지고도 이기는 게임은 분명 아름답다. 그러나 이제는 할 수만 있다면, 우리는 지지 않는 게임을 해야 한다.

　바른 뜻으로 사는 사람들이 악의 무리에 패배함이 역사에 얼마나 엄청난 비극을 가져오는 가는, 계유정란癸酉靖亂으로 시작된 수양대군 일당의 피의 살육 과정에서 극명하고 처절하게 드러난다.

　이 일련의 참사는 왕권 탈취를 노리는 수양대군의 탐욕과 이에 편승하여 출세해보려는 한명회, 홍윤성, 양정 등 정치 건달패의 폭력, 일신의 부귀와 안녕에만 집착한 정인지, 신숙주 등 기회주의자의 변절이 한데 어우러져 빚어진 것이다.

　그런데 이들 일당의 치밀한 왕위 찬탈 계략과 무자비한 폭력에 비해 이를 저지하고 되돌리려는 성삼문, 박팽년과 금성대군 등의 계획과 전술은 안이했고 느슨했다.

　이제 우리는 비둘기 같은 순결과 함께 뱀 같은 지혜가 없이는, 이 같은 야만적 폭력을 충분히 제어할 수 없음을 깨달아야 한다. **지조를 '뜻 지킴'의 소극적 의미만이 아닌, '뜻 부림뜻 폄'의 적극적 의미로 이해할 때에만 비로소 우리에게 탄력성 있는 창조적 공간이 확보된다.**

지조의 중용과 사이비 중용 ⁈

　우리는 눈만 뜨면 싫든 좋든 사람과 만나고, 관계하고, 부대
끼며 살아야 한다. 때로는 군자의 자리가 없는 전쟁터에서, 때
로는 선비의 자리가 없는 저잣거리에서, 때로는 신사의 자리가
없는 감옥에서도 순간순간 거기에 맞는 최선의 행동을 선택해
야 한다.

　그렇다면 이 잡다한 상황 속에서 지조인이 취할 바 보편적인
삶의 태도는 어떠해야 할까.

　안일함과 유약함은 인仁의 어긋남이고, 잔학함과 모진 것은 의義의 어
긋남이며, 아첨과 지나친 공손은 예禮의 어긋남이요, 간교함과 거짓됨은
지智의 어긋남이다.

— 조광조, 〈靜菴集〉, 卷四, 復拜副提學時啓十三

　높은 지조와 함께 남다른 현실 감각을 겸비했던 정암 조광조
의 이 말은 지조를 생각하며 오늘을 사는 사람들에게 많은 것
을 생각하게 한다. **너그럽되 유약하지 않고, 정의롭되 모질고 잔
학하지 않으며, 예의 바르되 아첨하지 않고, 지혜롭되 간교하지**

않음이야말로 치우침 없는 중용의 삶이 아닐까.

예나 지금이나 중용中庸이라는 말은 그 부드러운 느낌 때문에 사람들이 어렵잖게 생각한다. 매사에 철저하지 못한 사람들은 그들의 어중간한 성격과 행동을 중용으로 생각하는 경향이 있다.

공자가 "사람들은 모두 다 말하기를, 나는 중용을 안다고 하지만, 중용을 택하여도 한 달도 지키지 못한다."中庸, 第二章 朱子章句本고 개탄한 것도 이를 두고 한 말이 아닐까.

논어와 맹자에는 향원鄉原에 관한 이야기가 나온다. **향원이란 겉으로는 덕 있는 척하지만, 속으로는 시류에 영합하며 도덕적 판단을 회피하는 위선적 인물 유형이다.** 맹자의 설명에 따르면 "향원은 비난하려 해도 별로 들추어낼 것이 없고, 헐뜯으려 해도 그럴 만한 거리가 없다. 시류에 동조하고 세상에 영합하여 그 처세가 믿음직스러워 보이며, 그 행동이 청렴결백한 듯하여 사람들이 모두 그를 좋아한다."고 했다.

향원은 뜻은 크되 행동이 따르지 못하는 광자狂者와 행동은 분명하나 생각이 부족한 견자狷者를 싸잡아 비난하면서, "이 세상에 났으면 이 세상 사람이 되어서, 세상 사람들이 좋아하면 그만이 아닌가."孟子, 盡心章句 下, 三十七 하고, 적당히 세상과 어울려 사는 자기 자신을 합리화한다.

어떻게 생각하면, 그 정도 하기도 그렇게 쉽지는 않다. 그럼에도 불구하고 공자는 '향원은 덕德을 해치는 자論語, 陽貨十三'라고 비난했다. 왜 그렇게 생각했을까?

공자의 설명을 더 들어보자.

(나는) 비슷하면서 같지 않은 것似而非을 미워한다. 가라지를 미워함은 그것이 곡식을 어지럽힐까 두려워서요, 아첨을 미워함은 의義를 어지럽힐까 두려워서요, 말 잘함을 미워함은 믿음을 어지럽힐까 두려워서요. …… 향원을 미워함은 그가 덕을 어지럽힐까 두려워서다.

— 孟子, 盡心章句 下, 三十七

이제 우리의 이해는 좀더 분명해졌다. 공자는 뜻 높아 큰소리치나志高言大 실천이 따르지 못하는 '광자미치광이'나 행동은 철저하나 식견이 부족한 '견자고집불통'보다, 사이비中行 : 中道를 행하는 사람 혹은 행위인 향원을 더욱 경멸했다. 어중간하게 선善의 흉내나 내는 향원은, 편향되지만 철저한 광자나 견자보다 훨씬 중용에 이르기 어렵다는 것이 공자의 생각이었다.

　　지금 우리 주위를 둘러보면 '광자'의 날뜀과 '견자'의 억지가 세상을 어지럽히고 있다. 그러나 더 무서운 사회적 독소는 일제 강점기 이래 물결이는 대로, 바람부는 대로 이리 구르고 저리 붙으면서 눈덩이처럼 커진 **현대판 '향원'의 무리들이다. 이들은 역사의 전환기마다 변화의 열기와 충격을 흡수하면서 개혁을 가로막아 왔다.** '향원'은 그 근엄한 사이비성 때문에 용케 역사의 따가운 눈길을 피하곤 했다.

　　이제 회색의 역사는 끝나야 한다. 더이상 회색의 언어로 사실을 왜곡해서는 안 된다. '장미꽃은 붉다'는 주장과 '장미꽃은 푸르다'는 주장 사이에서, 중도를 택한다는 미명 아래 '장미꽃은 보라색'이라고 말한다면, 그것은 자기기만이다. 여기엔 중도가 아니라 진실이 있을 뿐이다. 이때 지조인이 택할 바 중용은 '장미꽃은 붉다'는 그 한 마디다.

역사의 미래를 믿는 사람들은
순결한 희생자의 피가, 보이지 않는 화살이 되어
심장을 찌르고 있음을 아프게 느낄 수 있다.
하나님은 선한 사람이나 악한 사람에게
다 같이 비를 내리지만,
뜻의 씨앗은 역사의 미래를 믿는 자의
마음밭에서만 싹트고 자라왔다.

물질을 탐하다 뜻을 잃지 않으려면?

"나물 먹고 물 마시고 팔을 베고 누웠으니, 대장부의 살림살이 이만하면 어떠하리."

맹자의 〈진심장구盡心章句〉에 나오는 구절이다. 그러나 가난과 친근하게 산다는 것은 남의 일일 경우 멋과 여유일 수도 있지만, 자기 자신의 일이면 참담함이 따르는 고통일 때가 더 많다.

인간이 생물학적 유기체인 이상, 생존을 위한 최소한의 경제적 조건은 충족되어야 한다. 그래서 우리 조상들은 '수염이 석 자라도 먹어야 양반'이라든가, '목구멍이 포도청'이라는 매우 현실적인 속담을 남겼다.

우리가 지조를 이야기하면서 경제적 여건을 생각해보는 것
도, 그것이 때로는 뜻을 지키려는 사람들에게 치명적 걸림돌이
되어 왔기 때문이다.

그래서 율곡 이이는 "집안이 가난하고 궁색하면, 필경 그것
으로 인해 자신이 지켜온 것^뜻을 잃어버리는 경우가 많다."^{이이,〈}
^{栗谷全集〉, 卷 二十七, 擊蒙要訣 居家章 第八}고 지적하면서, 사람은 가난에
처해 있을 때 바르게 행동하도록 각별히 노력해야 한다고 그의
〈격몽요결^{擊蒙要訣}〉에서 권면한 바 있다.

이처럼 옛 선비들에겐 '어떻게 하면 가난 속에서도 뜻을 굽히
거나 바꾸지 않을 수 있을까' 하는 것이 자기 닦음^{修己}의 중요한
과제였다. 그리고 거기서 더 나아가 안빈낙도^{安貧樂道}의 경지에
이르고자 했다.

자공이 (공자에게) 물었다. 가난하지만 아첨하지 않고, 부^富하
지만 교만하지 않다면 어떻습니까?

공자가 대답했다. 좋지, 그러나 가난하지만 즐기고, 부하지만 예^禮를
좋아함만 못하구나.

— 論語, 學而十五

공자와 그의 제자 자공 사이에 주고받은 이 짧은 대화 속에서 우리는 동양의 현자賢者들이 추구했던 '가난의 철학'이 무엇인가를 어렵잖게 짐작할 수 있다. **그들이 이르고자 했던 경지는 가난을 인내하는 소극적 삶이 아니라, 그것을 오히려 즐기는 적극적 삶이었던 것이다.** 인간이 실제로 그런 경지에 이를 수 있는지, 보통 사람들로서는 의심도 가지만, 어떻든 그 이상理想만은 아름답다.

아무리 예찬해도, 정도를 넘은 가난은 인간에게 고통이며 불편이다. 그럼에도 불구하고 가난을 예찬하는 청빈사상은 오랫동안 '뜻있는 사람들'의 삶의 덕목으로 자리해왔다.

그렇다면 청빈사상은 어디서 왔을까? 경제의 역사에서 그 뿌리를 찾아야 할까, 아니면 윤리의 역사에서 그 씨앗을 찾아야 할까?

어떻게 경제적 제약에서 자유할 수 있을까

19세기까지만 해도 아니 20세기 중반까지도 가난은 세계적으로 보편적 현상이었다. 물론 서양의 몇몇 나라는 그 형편이 조금은 나았지만, 거기에서도 넉넉하고 부유하게 살던 사람들은 소수에 불과했다.

그런 사정은 지금도 마찬가지다. 개발도상국 단계를 넘어선 나라들에서도 여전히 생계를 걱정하며 하루하루 살아가는 사람들이 적지 않다. 우리의 눈길을 아프리카, 라틴 아메리카, 동남아시아의 저개발국들로 돌려보면, 가난이 주는 고통은 수백 년 전이나 지금이나 조금도 다름이 없음을 분명하게 실감할 수 있다.

아프리카의 가난한 나라들에서만 매년 1천만 명이 넘는 사람들이 먹을 것이 없어 굶어 죽고 있는 것이 21세기를 사는 인류의 현실이다.

이것은 지구촌 전체의 인구에 비해 식량의 절대량이 부족해서가 아니다. 개인과 개인, 국가와 국가 사이에 높이 쌓여 있는 이기주의의 벽이 좀처럼 허물어지지 않고 있기 때문이다. 어떻든 가난은 인류의 역사가 시작된 이래 오랫동안 우리와 함께해 왔다.

버트런드 러셀은 인간이란 본래 무엇인가를 상대하여 투쟁하는 존재라고 했다. 이런 인간의 투쟁에는 크게 세 가지가 있는데,

① 인간과 자연과의 투쟁, ② 인간과 인간과의 투쟁, ③ 인간과 자기 자신과의 투쟁이 그것이다.

인류는 기아와 질병을 이기기 위해 벌인 자연과의 투쟁에선 비교적 효과적인 승리를 계속해왔다. 그러나 인간과 인간과의 투쟁에서는, 전쟁과 착취보다 더 완전한 승리의 길이 협동과 호혜적互惠的 조정이라는 것을 제대로 깨닫기에는 아직도 사람은 너무 이기적이다.

인류가 갖가지 법과 제도를 만들어 이기적 분쟁을 완화하는 데 상당한 성과를 거둔 것도 부인할 수 없지만, 다른 한편으로 법과 제도가 힘있는 사람의 교활한 이기주의를 정당화하는 데 악용되어 온 것도 사실이다. 그래서 지구촌에 재화의 절대량은 충분한데, 아직도 가난은 세계 도처에서 인간의 보편적 고통으로 남아 있다.

이利를 보면 의義를 생각하며 살려는 사람들에겐, 이처럼 탐욕스럽고 무자비한 재화 얻기 게임은 정말 혐오스럽다. 그래서 그들은 물질을 탐하다 뜻을 잃지 않기 위해 자신의 삶에서 물질이 차지하는 비중을 최소화하려 하고, 그 외적 모습이 청빈의 생활로 나타나게 되는 것이다.

군자는 도道를 걱정할지언정 결코 가난貧을 걱정하지는 않는다. 다만 집이 가난해서 살아갈 방도가 없을 때는 그 궁색한 생활을 구제할 생각에서 굶주리고 추운 것을 면하도록 할 뿐이고, 재산을 풍족하게 쌓아두고 지낼 생각은 말아야 한다.

– 이이, 〈栗谷全集〉, 卷 二十七, 擊蒙要訣 居家章 第八

이렇게 말한 율곡 이이는 말로만 청빈을 주장한 것이 아니라 스스로 이를 실천함으로써, 선비의 도가 어떤 것인가를 당대는 물론 후세에까지 교훈으로 남겼다.

그 많은 벼슬자리에 있었건만, 그는 서울에 자기 소유의 집 한 채도 남기지 않았고, 심지어 자신의 주검을 싸고 갈 수의壽衣조차 마련해두지 않아 친구들마저 놀라게 했다는 일화는, 그의 청빈이 얼마나 철저했던가를 짐작케 한다.

이처럼 **검박儉朴과 염결廉潔의 자기통제를 통해 경제적 제약에서 자유하려 했던 선비들의 '정신주의'는, 물질의 풍요한 소유를 통해 경제적 제약에서 자유하려는 오늘의 '물질주의'와 너무나 뚜렷한 대조를 이루고 있어 흥미롭다.**

그러나 재물이 있는 곳에 마음이 있기에····

　청빈사상이 개인의 자기완성에 주된 관심을 두었기에, 옛 선비들은 부富를 스스로 멀리하는 일에는 신경을 썼으나 재화의 왜곡된 흐름과 편재偏在를 바로잡는 일에는 소홀한 경우가 많았다.

　수신제가修身齊家를 한 후에야 치국평천하治國平天下를 할 수 있다는 논리의 타당성을 누가 부인할까. 하지만 현실 세계에서는 개인의 문제와 사회의 문제가 함께 주어져 있고, 우리는 이를 동시에 풀어 나가지 않으면 안 된다.

　경제를 사회적 토대하부 구조로 보는 마르크스의 이론을 따르건 않건 간에, 경제적 여건이 개인이나 사회의 변화와 역동성에 중요한 변수로 작용하고 있음은 누구도 부인하기 어려울 것이다.

　경제력이 갖는 사회적 영향력은 현대에 와서 더욱 뚜렷하다. 국제사회에서 한 나라의 힘은 그 나라의 경제지표로 평가되고 있으며, 자본주의사회에서 개인의 영향력은 그의 부와 개연적 함수관계에 있다. 물론 경제력이 개인이 갖는 사회적 영향력의 유일한 척도가 아님은 분명하지만, 그 위력은 이제 누구도 부인하기 어려울 것이다.

이미 2천3백여 년 전에 맹자도, "항산恒産이 있으면 항심恒心이 있고, 항산이 없으면 항심도 없다."孟子, 勝文公章句 上, 三는 명쾌한 말로, 백성의 마음을 움직이는 기본적인 힘이 경제적 여건임을 설명한 바 있다. 여기서 말하는 항산은 '일정한 재산'이나 '일정한 생업'을 의미하고, 항심은 일정한 마음바른 마음을 뜻한다.

맹자는 왕도정치王道政治를 실현하기 위해서는 무엇보다 먼저 백성의 생활을 안정시켜야 한다고 생각했다. 그리고 나라의 경제가 안정되기 위해서는 지도자의 검약과 합리적 경제 제도가 필요하다고 덧붙였다. 우리는 이제 여기서, '청빈'이 단순히 도덕적 목적이 아니라 '생산' 및 '분배'와 함께 유기적으로 이해될 필요가 있다는 생각에 이른다.

조선시대의 적지 않은 사이비 선비들은 안빈낙도安貧樂道의 뜻을 무위도식無爲徒食쯤으로 생각하여, 무생산無生産과 무노동無勞動의 결과로 오는 가난을 청빈으로 미화하기 일쑤였다. 조선조 초기만 해도 선비가 벼슬을 않거나 관직을 그만두면 생업으로 농사짓는 것을 부끄럽게 생각하지 않았다.

그러나 시간이 흐르면서 반상班常의 구분이 뚜렷해지고, 사농공상 간의 사회 신분적 귀천이 더욱 분명해지면서, 소위 양반계급 사이에서 노동을 천시하는 풍조가 일반화되었다. 여름 소나기에, 마당의 멍석 위에 넌 곡식이 떠내려가도 '공자왈 맹자왈'만 하고 있었던 것이 당시 사이비 선비들의 모습이었다.

물론 육체노동만이 가치를 생산하는 유일한 수단은 아니다. 특히 극도로 사회적 기능이 분화된 현대사회에서 정신노동의 생산성과 사회 문화적 기여도는 날로 커지고 있다.

그러나 허구한 날 '입으로 글장이나 외고 손으로 글자나 그리는'전택부, 〈월남 이상재〉(한국신학연구소 출판부, 1977), 156쪽 부질없는 짓만으로 세월을 보냈던 양반 계급의 노동 경시는 청빈정신과 거리가 멀다.

청빈정신은 단순히 낭만적 가난 예찬이 아니다. 이는 근검과 염결廉潔의 철저한 실천철학을 그 핵심적 내용으로 하고 있다. 근검은 부지런함과 검소함을 말한다. '검儉'이 단순 생활에 의한 소비의 극소화를 의미한다면, '근勤'은 부지런함을 통한 생산의 극대화를 뜻한다.

양반 계급의 무위도식을 가장 신랄하게 비판했던 성호 이익의 근검사상은 이를 잘 설명해준다.

민생民生은 부지런함과 검소함에 달려 있다. 부지런하면 재물이 생기고, 검소하면 가난하지 않게 된다. 검소하지 못하면 비록 세상의 부를 다 가졌더라도 반드시 없어지고 만다. 하물며 보통 사람들의 생활이야, 더 그렇지 않겠는가.

그러므로 왕은 백성의 살림살이재산를 이래라저래라 하기 전에 스스로 검소함을 먼저 백성에게 보여줘야 한다.

– 이익, 〈星湖僿說〉, 卷 二 上

염결은 청렴과 결백을 의미한다. 근검이 단순 생활과 부지런함이 미덕이라고 생각하는 개인적 생활철학이라면, 염결은 사회적 존재로써 지켜야 할 공적 윤리라 하겠다. 정치적 위치나 사회적 신분을 이용하여 부당한 방법으로 이익을 취하지 않고 깨끗하게 사는 것이 염결이다. 여기엔 소극적 의미의 경제 정의가 그 밑바닥에 깔려 있다.

그런데 전제 군주시대혹은 봉건시대에 청빈사상이 생활의 지혜로 등장한 데에는 국가의 왜곡된 분배 구조와 개인의 경제적 불확실성이 현실적 원인이 되었다. 농경사회에서 생존의 젖줄은 땅土地일 수밖에 없는데, 땅은 원칙적으로 왕의 것王土이라는 대전제 아래 그때그때 토지 제도의 변화가 있었다.

절대 권력 아래서 땅의 소유는 너무나 자주 정치적 필요에 의해 제도적으로 바뀌었고, 정치적 힘에 따라 빼앗고 빼앗겼다. 그래서 많은 사람들은 경제적 안정을 위해 끊임없이, 대를 이어 가며 벼슬을 하려 했고, 신분의 향상을 위한혹은 신분의 격하를 막기 위한 일이면 수단과 방법을 가리지 않았다.

여기서 매관매직賣官賣職과 탐관오리의 추악상이 나타나게 된다. 이런 풍토에서 뜻있는 선비有志士들이 경제적 문제 때문에 뜻을 버리거나 더럽히지 않고 살아갈 수 있는 유일한 방법은 청빈일 수밖에 없었다. 이 같은 사정은 지조를 지키며 오늘을 사는 사람들에게도 크게 다를 바 없다.

그런데 물질의 제약에서 자유하는 일이 청빈이라는 개인의 경제적 절제만으로 가능한 것은 아니다. 한 사회에서 재화의 절대량이 부족해서가 아니라 분배의 불균형 때문에, 그 구성원들이 당하는 고통을 청빈이라는 이름으로 잠재울 수는 없다. 그래서 경제의 구조적 문제에서 오는 민생의 고통을 꿰뚫어 본

조선시대 후기의 실학자들은 전제田制의 합리적 개혁과 민생 경제의 제도적 안정을 강력히 주장했다.

이제 우리는 개인의 덕목인 청빈도, 사회적 분배 구조의 문제와 연계하여 생각하지 않으면 한낱 자기도피에 불과하다는 사실을 분명히 깨달아야 한다.

병든 물질문명의 해독을 위하여

인간은 '자연과의 투쟁'을 통해 놀라운 과학·기술 문명과 풍요로운 산업사회를 이룩해놓았다. 풍부하고 질 높은 음식, 화려한 옷과 쾌적한 주거 환경, 빠르고 편리한 교통 및 통신과 정보 서비스, 다양하고 즐거운 레저 시설…….

인류는 이처럼 일찍이 누려보지 못한 욕망의 충족을 맛보고 있다. 그러나 그 투쟁은 이곳저곳에서 전술적으로는 승리를 거두는 듯 보이지만, 전략적으로 보면 심각한 총체적 위기에 직면해있다.

얼마 전까지만 해도 사람들은 자연은 공짜며 무한정한 것으로 생각했다. 그리고 자연은 그들 마음대로 정복하면 정복당하는 대상으로 여겼다. 그래서 수요시장만 창출되면 자연을 이용한 생산은 무한정 가능하다고 믿고, 계속해서 경제 규모를 확대시켜 왔다.

이러한 성장 지향적 경제 체제에서는 성장 속도만큼 필연적으로 소비는 늘어나야만 한다. 이것은 자본주의 경제 체제의 본질적 속성이기도 하다. 그 결과로 제한된 각종 지하자원은 점차 그 바닥을 드러내기 시작했고, 생물자원가령 임산자원이나 수산자원 등은 그 회복 속도보다 훨씬 빨리 고갈되고 있다.

이에 못지않은 위기는 각종 오염 물질로 인한 생태계의 파괴다. 그 심각성은 이제 인류의 생존을 위협할 정도에 이르렀다. 청빈사상이 풍요의 시대인 오늘에도 여전히오히려 더 절실하게 삶의 소중한 덕목이어야 하는 이유가 여기에 있다.

인간이 이 세상에 태어날 때 하찮은 벼슬이나 한 뙈기 땅도 가지고 태어나지 않았으니, (근본이) 빈천하기로 말하면 천자天子로부터 서민에 이르기까지 마찬가지다.

— 이익, 〈星湖僿說〉, 卷 三 下

청빈사상은 성호 이익의 생각처럼, 무소유의 뿌리에서 시작된다. 재물은 물론 명예나 사회적 지위 등 그 어떤 비본질적 소유로부터도 가능한 한 자유하려는 것이 청빈의 기본 정신이다.

러셀식 분류법에 따르자면, **청빈은 '인간과 인간과의 투쟁'에서 빚어진 패배의 상처가 아니라 '인간과 자기 자신과의 투쟁'에서 얻은 작지만 귀중한 승리의 징표다.** 지금 인류를 위기로 몰아넣고 있는 가장 큰 적이 바로 욕망의 고삐가 풀린 인간 자신이라면, 청빈의 자기통제 정신이야말로 자기 단련의 마지막 대안일지도 모른다.

청빈은
'인간과 인간과의 투쟁'에서 빚어진
패배의 상처가 아니라
'인간과 자기 자신과의 투쟁'에서 얻은
작지만 귀중한 승리의 징표다.
청빈의 자기통제 정신이야말로
자기 단련의 마지막 대안일지도 모른다.

동물의 본능은 대개 생존 본능에 의해 지배되고 있다. 그 생존 본능은 유기체로서의 생명을 유지하려는 먹는 본능과 종種의 보존을 위한 생식 본능으로 나뉜다. 크게 보면 인간의 행동도 상당 부분 이 두 가지 본능에 의해 지배되고 있지만, 인간의 행동에는 동물의 그것보다 훨씬 복잡한 또 다른 요인들이 작용하고 있다.

러셀의 지적처럼 인간은 개미나 벌처럼 철저한 군거성群居性 동물도 아니고, 호랑이처럼 철저한 고립성 동물도 아니다. 인간의 충동과 욕망은 사회적으로 표출되기도 하고, 고립된 채 존재하기도 한다.

러셀은 개인과 집단의 행동을 결정하는 가장 근본적인 동기를 동물과 마찬가지로 의식주와 생식 등 생존과 직결된 욕구로 보았다. 하지만 이러한 기본적 욕구가 충족되고 나면, 그 이후에 나타나는 다른 동기들이 오히려 더 강력한 영향력을 발휘한다고 주장했다.

이들 가운데 대표적인 것이 소유욕, 경쟁심, 허영심, 권력욕이라고 했다^{Bertrand Russell, Human Society in Ethics and Politics, London, George Allen & Unwin LTD, 1954, pp.16~18}.

그러나 보다 인간다운 삶을 설계하고, 실천하며 살아가려는 지조인의 행동 동기를 충동과 욕망이라는 본능적 말로써만 설명하기는 어렵다. 퇴계 이황은 인간의 마음속에 함께 들어있는 '본능적 요소'와 '본능을 넘어선 요소'를 구분하기 위해, 전자를 '칠정七情'이라는 범주로 묶었고 후자를 '사단四端'이라는 범주로 달리 표현해본 것이 아닐까.♦

♦ 理氣二元論者인 퇴계 이황은 '四端理之發 七情氣之發'이라 하여, '사단'은 순수하게 선한 것(純善)으로 보았고, '칠정'은 선악이 혼재한 것(有善惡)으로 보았다.

인간이 단지 '좀 지능이 나은 동물이냐, 그 이상의 존재냐' 하는 문제는 그 보는 태도에 따라 여러 가지 다른 해석이 가능할 것이다. 그러나 그 해석이 어느 쪽이든 분명한 것은, 인간 행동의 더 많은 몫이 본능적 욕망에 의해 결정되고 있음을 부인할 수 없다는 사실이다.

그리고 그럼에도 불구하고 **이 본능을 넘어서 보려는 인간 속성의 적은 몫이, 사람을 동물로부터 결정적으로 구별되게 하고 있음 또한 사실이다.**

앞에서도 지적했듯이, 인간은 본질적으로 자기의 본능을 능숙하게 제어할 만큼 충분히 이성적이지 못하다. 게다가 인간의 욕망은 동물의 그것에 비해 훨씬 크고 무제한적인 것이어서, 개인과 개인 간의 욕망의 충돌은 끊임없이 계속돼 왔다.

그러나 개체 간의 욕망 혹은 충동이 양쪽을 함께 만족시킬 수 있는 경우가 있는데, 이를 상용적相容的이라 하고 서로 부딪치는 경우를 상충적相衝的이라 한다 러셀의 앞의 책 p.19.

인간은 거듭되는 충동과 욕망의 충돌을 통해 때로는 쟁취와 승리의 쾌감을 맛봐 왔지만, 좌절의 아픔과 패배의 치명적 불행도 경험해왔다. 이를 통해 인간은 개인적으로 자기 욕망의 충족과 확대를 꾀하면서도, 한편으로는 사회적 집단을 통해 개인 간의 욕망의 상호 충돌을 조정하면서 협동을 통한 상용相容의 공간을 넓혀 왔다.

인간이 다른 동물에 비해 비약적으로 앞선 문명을 누릴 수 있게 된 결정적 요인 중의 하나가 효과적인 협동에 있었다. 인간의 효율적인 조직과 역할 분담을 통한 사회화는 놀랄 만큼 빠른 속도로 문명사회를 가져왔다.

젯밥을 노리는 역할 게임

인간이 상호 조정을 통해 욕망의 충돌을 완화하고, 상호 협동을 통해 욕망의 충족을 효율화한 것은 분명 다른 동물에게선 찾아볼 수 없는 놀라운 깨달음이었다. 동물의 세계에는 이러한 깨달음의 창문이 아직도 닫혀 있다.

그렇다고 인간의 몸속에서 꿈틀거리고 있는 본능적 충동과 욕망이 완전히 길들여져 있는 것은 아니다. 평균적으로 보면, 인간은 여전히 이성적이라기보다는 훨씬 더 본능적인 요인에 의해 행동이 지배되고 있다. 인간은 스스로의 내면에 도사리고 있는 이 본능적 행동들 간의 충돌을 통제하기 위해 갖가지 제도를 만들고, 그 조직과 규범에 의해 서로를 조정해왔다.

오랜 역사적 시행착오를 거쳐 인간이 궁극적으로 이른 역할 분담의 철학은 '역할의 차이'는 있으나, '역할의 서열'은 없는 평등의 세계다. 그러나 이 철학은 아직도 이론으로만 깨친 우리의 이상理想일 뿐, 현실은 여전히 개인의 이기적 욕망이 제도와 조직의 본질적 이상을 짓밟고 있다.

어떤 사람들은 그 원인이 인간의 불완전함_{지나친 이기적 속성}에 있다고 말하고, 또 다른 사람들은 제도나 규범의 불완전함에서 그 원인을 찾는다. 양쪽의 주장 모두에 부분적인 타당성이 있다.

그런데 그 원인이 어느 쪽에 있든 간에 사회적 역할의 분화가 사회적 신분의 계층화_{혹은 계급화}로 나타나게 되는 것은 권력, 부, 명성 같은 사회적 이익이 역할에 따라 차등적으로 부가되는 데 근본 원인이 있다_{브라이언 S. 터너, 이수복·이태원 역, 〈평등의 사회학〉(강원대학출판부, 1987), 37쪽}.

예나 지금이나 많은 사람이 유독 몇몇 특정 직업을 선호함은, 역할 게임의 과정에서 부수적으로 얻어지는 권력이나 부와 명성 같은 차등적 이익이 있기 때문이다. 특히 벼슬하려는 사람들의 절대다수는 사실 부수적으로 얻어지는 차등적 이익의 몫에 그들의 주된 관심이 있다.[*] 말하자면 제사보다는 젯밥에 더 관심이 크다는 뜻이다.

　반상班常의 신분이 제도적으로 구별되어 있고, 신분 이동의 가능성이 아주 희박했던 전제 군주시대의 매관매직은 어쩌면 자연스러운 현상이었다고 할 수 있다. 신분의 격차가 그대로 삶의 격차로 직결되는 사회 제도 아래서 신분 상승을 꾀하려는 노력은 비난받을 일만은 아니기 때문이다.

　가령 노예 제도 아래서 노예의 삶의 품위는 그가 근원적으로 이 제도적 멍에에서 벗어나지 않는 한, 주인의 태도에 대부분 좌우된다. **주인과 노예 간의 역할 게임에서 노예의 성실성은 주인의 태도를 어느 정도 인간답게 완화시킬 수 있을지는 모르지만, 그것은 어디까지나 왜곡된 역할 구조 안에서의 문제일**

---

[*] '벼슬'이라 함은 좁은 의미의 관직도 뜻하지만, 여기서는 오히려 넓은 의미에서 권력과 부를 노리는 모든 정치적, 관료적, 사회적 특수 지위를 말한다.

뿐이다.

이 경우 잘못된 역할 분담 구조를 깨뜨리지 않는 한, 진정한 의미의 역할 게임은 불가능하다. 우리가 끊임없이 보다 나은 제도를 궁구窮究해온 것도 이 때문일 것이다.

인간의 역사가 분명히 '진보했다'고 말할 수 있는 측면이 있다면, 그것은 아마 각종 제도의 민주적 발전일 것이다. 그러나 정치 사회적으로 민주적 제도가 가장 발달한 나라의 경우라도, 그것이 이상적인 역할 분담이나 역할 게임의 이론에서 보면 여전히 천박한 욕망 충족 게임의 수준을 벗어나지 못하고 있다.

어떤 공화국에 아홉 사람의 시민이 살았다. 그들은 모두 민주주의를 신봉했다. 특히 다수결의 원칙을 종교처럼 신봉했다.

어느 날 그중 다섯 사람이 모여 행복한 합의를 보았다. 나머지 네 사람을 죽이고 그들의 재산을 공정하게, 아주 공정하게 나누어 가지기로 합의했다. 다음 날 공화국 시민 총회가 열렸다. 그들은 이 의안을 상정하고 표결에 부쳤다. 투표도 공정했고 개표도 공정했다. 그들은 민주적 절차에 의해 합법적으로 네 사람을 처형하고, 그 재산을 공정하게 나누어 가졌다.

그다음 날 다섯 중 세 사람이 모여 행복한 합의를 보았다. 나머지 두 사람을 죽이고 그들의 재산을 공정하게, 아주 공정하게 나누어 가지기로 합의했다. 그 이튿날 공화국 시민 총회가 다시 열렸다. 그들은 이 의안을 상정하고 표결에 부쳤다. 투표도 공정했고 개표도 공정했다. 그들은 민주적 절차에 의해 합법적으로 두 사람을 처형하고, 그들의 재산을 공정하게 나누어 가졌다.

또 그다음 날 셋 중 두 사람이 합의에 따라 한 사람을 민주적이며 합법적으로 죽이고, 그의 재산을 공정하게 나누어 가졌다. 그리고 두 사람은 각기 생각해보았다. '저 사람만 없으면 공화국의 모든 재산은 내 것이 되는데……'

그러나 더 이상 민주적 방법으로는 해결할 길이 없었다. 그래서 상대방을 죽이기로 했다. 어느 날 밤 그들은 결투했다. 민주시민답게 용감하고 당당하게 결투했다. 그리고 두 사람은 함께 죽었다.

– 황헌식, 〈창녀와 철학자〉(목문출판사, 1992), 42쪽

이 우화는 우리가 그렇게 기대와 믿음을 걸고 있는 민주주의 제도에서도 '절차의 합법성'이라는 이름 아래 일어 날 수 있는 인간의 이기적 악마성을 상징적으로 이야기하고 있다.

뜻을 팔아 벼슬을 사지 않는 삶

지조인은 '어떤 삶을 살 것인가' 하는 물음을 스스로에게 던지며 사는 사람이다. 그가 무엇이 되고 무엇을 얻으려는 것도 이 본질적인 문제와 관계되지 않으면 무의미하다. 그런 의미에서 "군자지학君子之學은 수신修身이 반이요, 다른 절반은 목민牧民이다."丁若鏞, 〈牧民心書〉, 序고 한 다산 정약용의 말은, 뜻을 세우고 살아가려는 사람이 벼슬하려 할 때 취할 바 삶의 자세를 일러주고 있다.

이 말을 현대적 의미로 넓게 생각해보면, '수신'은 개인적 삶의 몫이요, '목민'은 사회적 삶의 몫이라 할 수 있다. 그러나 이 둘은 동전의 양면 같아서 둘이 아니고 하나다.

사회 구조가 단순하고 정치 구조가 비민주적이던 봉건시대에는, 뜻과 재능을 가진 사람이 이를 세상에 제대로 펴기란 근본적으로 한계가 있었다. 그러나 정치가 민주화되고 사회가 다양화되면서 '뜻을 세우고 살아가려는 사람'의 외적 처신의 폭은 매우 넓어졌다. 그럼에도 불구하고 이 시대에 참다운 지조인의 모습을 찾아보기 어려움은 어떤 이유에서일까?

물론 하나의 큰 원인은 뜻을 지키기 어렵게 만드는 현대사회의 속물적 속성 때문일 것이다. 그러나 이보다 더 심각한 원인은 현대인의 수신적修身的 성찰의 상실이다. **이처럼 개인은 내면의 거울을 상실하고 사회는 '계량적 가치관'이 지배할 때, 수단과 방법을 가리지 않고 "벼슬엔 높이 오를수록 좋고, 돈은 많이 벌수록 좋다."는 허무주의가 세상을 지배하게 된다.**

일찍이 뜻을 세우고 산 선비들에게는 벼슬에 나아감이 결코 그들의 본질적 관심은 아니었다. 퇴계 이황은 40년 가까운 벼슬살이에 네 임금을 섬기면서 무려 일곱 번이나 스스로 벼슬을 물러난 적이 있다. 그도 결코 나랏일을 가벼이 생각하지는 않았지만, 기회만 있으면 벼슬자리를 그만두고 낙향하는 일을 되풀이했다.

이런 퇴계의 행적을 두고 후학들은 선비의 취할 바 출처진퇴出處進退의 모범으로 기려 왔다.✦ 그의 낙향은 현실 도피가 아니라, 그가 선택할 수 있는 더 큰 창조의 공간이었기 때문이다.

✦ 성호 이익은 "퇴계가 기묘사화를 경계 삼아 세 번 절하여 조심조심 나아가고 한 번 사양하여 물러가는 데 용맹스러웠다."고 그의 출처진퇴를 높이 평가했다.

이처럼 쓸 만한 선비들이 왕의 만류에도 불구하고 벼슬을 뿌리치고 떠남을 한탄하여 지은 선조宣祖의 시는, 당시에 벼슬을 가벼이 여긴 초연한 선비정신의 일면을 엿볼 수 있게 한다.

오면 가랴 하고 가면 아니 오네
오노라 가노라 볼 날이 전혀 없네
오늘도 가노라 하니 그를 설허 하노라

그러나 평생에 여러 차례의 기회가 있었지만 단 한 번도 벼슬길에 나서지 않은 남명 조식의 부동심에 비하면, 퇴계의 행적도 보기에 따라서는 우유부단하게 비쳐졌던 모양이다.

후세에 이택당은 두 사람을 비교하면서 "남명이 퇴계와 더불어 동시대에 나서, 남명은 은둔의 표적이 일찍이 나타났으니 진실로 이미 퇴계를 낮춰 보았을 것이다."장지연, 유정동 역, 〈朝鮮儒敎淵源〉, 上(삼성문화문고, 1975), 164쪽고 평하였다.

물론 이 같은 하나의 비교 평가에 지나친 의미를 부여할 필요는 없다. 그러나 비록 남명 자신은 "비유하자면 나는 비단을 짰으나 한 필을 이루지 못했고, 퇴계는 명주를 짜서 한 필을 이루어 쓸 수 있는 것이 되었다."고 겸손한 말을 했지만, 후세에 끼

친 그의 학문적·정치적 영향력은 퇴계와 쌍벽을 이룰 만큼 지
대했다.

　나는 여기서 벼슬함의 무가치함을 강조할 생각은 없다. 싫
든 좋든 정치 행위는 사회와 그 구성원들에게 큰 영향을 미치
고 있기에, 우리는 오히려 적극적 관심을 가져야 한다. 다만 벼
슬하기만이 가장 가치 있는 삶의 형태라는 믿음은 매우 위험하고
어리석은 생각이라는 점을 분명히 해두려는 것이다.

　"집사람은 오직 봉급 많아지는 것만 좋아하는데, 벼슬이 높
아짐에 도道가 낮아짐은 어찌 알까." 하고 한탄한 점필재 김종
직의 시구는, 지조인에게 본질적인 것은 '벼슬하기'가 아니라
'노릇하기'임을 분명히 말해주고 있다.✦✦ 그래서 지조인은 결코
뜻을 팔아 벼슬을 사지 않는다.

✦✦ 인간의 사회 제도(조직과 규범)가 궁극적으로 지향하는 바는 공동체
　구성원의 호혜적(互惠的) 행복이다. 그런데 우리의 공동체 안에는 정
　치 사회적 지위를 개인의 이기적 목적으로 사유하려는 사람과 공동
　선(共同善)을 위한 역할 분담으로 생각하는 두 종류의 사람이 있다.
　'노릇하기'는 후자의 정신이다.

뜻을 세우고 사는 삶은 언제나 떳떳하고, 떳떳한 삶에는 두려움이 없다. 그래서 지조인은 벼슬하기에 매우 신중하지만 이를 두려워하지는 않는다.

역사적 상황이, 마땅히 정치의 길에 나서야 할 때라면 이를 두려워할 이유는 없다. 다만 현대사회에서 '목민牧民'의 방법에는 여러 길이 있고, 이를 실현하는 데 '벼슬하기'만이 반드시 가장 효율적인 방법이 아닌 것만은 분명하다. 최근에 와선 인간을 바람직하게 변화시키는 일에 비정부·비정치 분야의 역할이 민주사회에서는 훨씬 더 중요하다는 시민적 자각이 증대하고 있다.◆◆◆

세계의 역사를 살펴보면 권력을 행사하고 남을 지배하려는 일념으로 눈에 핏발을 세운 자들에 의해, 우리의 역사는 너무나 자주 피 흘리고 뒷걸음질쳤던 과거를 가지고 있다. 기록으

◆◆◆ 가령 피터 F. 드러커는 저서 《The New Realities》에서 비정부, 비영리 기관을 'Third Sect'라고 명명하면서, 인간을 개혁하는 새로운 'Counter Culture'로 기대하고 있다.

로 남은 역사와 관계없이 인간의 진정한 역사 그 자체는, 바르고 선한 뜻을 세우고 이를 거짓 없이 일관되게 삶 속에 실천해 온 사람들에 의해 발전되어 왔다.

그들의 삶의 목적은 허위와 가식으로 포장되어 역사의 기록 속에 남으려는 그런 것이 아니라, 스스로에게 떳떳하고 그가 산 역사 앞에 떳떳하면 족한 것이다. 그래서 뜻으로 세상을 산 사람은 역사 또한 두려워하지 않는다.

그가 치열한 역사의 현장에서 피 흘려 이름을 남긴 지사志士이든, 논밭에 남몰래 땀을 뿌린 이름 없는 농부이든, 혹은 시인이든, 교사이든, 정치인이든 간에, 선한 뜻을 세우고 그 뜻에 따라 자기에게 허락된 인생의 시간을 최선을 다해 산다면 이것이 참으로 아름다운 삶이 아닐까.

그래서 지조인은 언제나 세상을 향해 서기 전에, 먼저 자기 자신을 향해 선다.

오랜 역사적 시행착오를 거쳐

인간이 궁극적으로 이른

역할 분담의 철학은

'역할의 차이'는 있으나,

'역할의 서열'은 없는 평등의 세계다.

기다림과 견딤의 미학

나이를 먹는 것은 허물이 많아지는 과정이다. 인생을 아무리 실수 없이 살아보려고 해도 지내놓고 보면 과거는 온통 허물투성이다.

그러나 이런 허물에도 불구하고 꺾이지 않고 거대한 고목처럼 버티어 서 있는 삶은 오히려 아름답다. 줄기의 여기저기에 상처로 아물어 있는 낫 자국과 도끼 자국을 보면서, 우리는 고목이 살아온 어렵고 모진 세월을 헤아릴 수 있다.

그 모진 세월을 이기고 하늘을 향해 높이 선 고목의 모습에서 위대한 견딤의 감동을 진하게 느낀다. 인간의 오랜 '지조 지킴'도 이와 같다. 그 허물없음의 아름다움보다는 그 견딤이 아름답다. 기다릴 줄 모르는 사람은 뜻을 이룰 수 없다.

그러나 기다림은 허튼 마음으로는 쉽게 견디기 어려운 안타까움이며, 때로는 모진 고난이다. **역사를 돌아보면 단 한 번뿐인 인생 전체를 하나의 기다림에 걸고 살다 간 사람들이 있다. 기다리다 지쳐 도중에 뜻을 버리고 일신의 안락을 선택한 사람들은 더욱 많다. 여기에 지조와 변절의 갈림길이 있다.**

견디어 뜻을 이룬다

단군 신화에는 곰과 호랑이의 이야기가 나온다. 두 짐승은 환웅으로부터 쑥과 마늘만 먹고 백 일 동안 견디는 시험을 받게 되는데, 호랑이는 견디지 못하여 도중에 포기하고 곰이 끝까지 참고 견디어 사람이 되었다는 것이 그 내용이다.

이 건국 신화에서 우리는 '견디어 뜻을 이룬다'는 하나의 상징과 만나게 된다. 우리 민족성의 한 특징이 '은근과 끈기'인지 혹은 '조급함'인지 속단하긴 어렵다. 하지만 민족이 걸어온 발자취를 살펴보면, 우리의 선조들은 수많은 역사적 시련 속에서도 민족의 얼을 잃지 않고 견디어 온 것만은 분명한 사실이다.

어쩌면 단군 신화에 나타난 웅녀의 상징은 우리의 민족성 속에 스며 있는 '견딤'의 미덕을 표현하고 있는 것은 아닐까.

그래서 그런지, 우리 민중의 이야기 속에는 영웅들보다는 지사志士들이 중심부에 자리하고 있다. 현실적 승리자였던 이성계나 수양대군보다 그들의 손에 희생당한 정몽주와 성삼문이, 우리의 가슴속에 훨씬 진한 감동으로 남아 있다. 이것은 단순히 순교자에 대한 연민 때문만은 아닐 것이다. 여기에는 뜻을 세우고 이를 지키며 사는 삶을 아름답게 여겨 온, 우리 민족의 정서가 스며 있다.

자기의 영광을 위해서는 남의 생존과 생명까지도 서슴지 않고 해칠 수 있는 것이 영웅의 속성이라면, 명분과 신의를 위해 자기를 희생할 수 있는 것이 지사의 속성이다. **뜻을 세우고 이를 지키려는 사람은 예견되는 결과나 성과가 설령 자기에게 유익할지라도, 뜻을 훼손하는 일은 도모하지 않는다. 그래서 삶은 어렵고 고달프지만 이를 견뎌 아름다운 뜻을 이룬다.**

벼랑진 절벽인데 난초 또한 거꾸로라崖懸蘭亦倒
바윗돌로 막혔으니 대도 따라 성기도다石阻竹從疏

고절을 지키자니 평지 험지 구별없네苦節同夷險

높은 향기야 절로 가득하여라危香郁自如

정암 조광조의 시다. 이 시에서 우리는 '지조 지킴'의 어려움과 견딤이 빚어내는 아름다운 향기를 함께 느낄 수 있다. 뜻을 세우고 사는 사람들은 때로는 의를 지키기 위해서, 절벽에 거꾸로 매달린 듯한 역경의 삶을 감내해야 한다. 이러한 고난의 삶은, 사람들이 쉽게 선택할 수 있는 길은 아니다.

그럼에도 불구하고 뜻을 이루기 위해 참고 기다리는 삶은 인생의 전체에서 보면, 보다 더 자기 성취의 가능성이 높다. 여기에 '지조 지킴'의 역설적 행복이 있다.

기다림, 그 설계된 미래

동짓날 기나긴 밤을 한허리 버혀 내여

춘풍 니불 아래 서리서리 넣었다가

어른님 오신 날 밤이어드란 구비구비 펴리라

긴 겨울 밤, 사랑하는 님을 기다리며 홀로 가꾸는 아름다운 마음이 투명하게 느껴지는 황진이의 시다. 긴긴밤, 여인은 지금 홀로 있으나 님은 벌써 기다림을 타고 그녀의 곁에 와 있다. 기다림은 이렇게 미래를 현재 속에 끌어들임으로써 아름다운 삶의 부피를 이룬다.

여기서 말하는 '기다림'은 단순한 물리적 시간의 다가옴에 대한 대기待機가 아니다. 가령 대합실에서 자기가 타고 갈 열차나 비행기의 시간을 기다리는 따위의 단순 행위는, 일상적 시간 보내기에 불과하다. 강도가 어느 집에 몰래 들어가 그 집 식구들이 잠들기만을 기다리는 마음은 그에게는 더없이 중요한 일일지 모르지만, 결코 아름답다고 말할 수는 없다.

현실에서는 기다림이 끝내 기다림만으로 끝날 경우도 있다. 그러나 **기다림의 아름다움은, 그 결과의 현실적 실현 여부에 있는 것이 아니다. 미래에 대한 선하고 의로운 설계와 이에 대한 견고한 믿음에 있다.**

가장 확실한 미래는 죽음뿐이라는 말이 있듯이, 불확실성과 불확정성이야말로 미래의 특성이다. 옛사람들도 "과거의 일은 밝기가 거울 같고, 미래의 일은 어둡기가 검은 옻漆 같다."〈銘心寶鑑〉, 省心篇고 말했다. 그런데 이 불확실성과 불확정성이 바로 인간에게 '자유'의 자리를 마련해준다. 자유는 열려 있는 선택이다. 그것은 인간에게 양날 선 검과 같아서, 우리를 한없이 상승케도 하고 추락케도 한다.

성경에 보면 천국을, 등불을 들고 신랑을 맞으러 간 열 처녀에 비유한 이야기가 있다. 그들 중 다섯은 미련했고, 다섯은 슬기로웠다. 슬기로운 처녀들은 등과 함께 기름을 담은 그릇을 준비했으나 미련한 처녀들은 등만 가지고 신랑을 맞으러 나갔다.

신랑이 더디 오므로 모두 졸고 있다가 한밤중에 갑자기 신랑이 온다는 기별을 받았다. 이때 미련한 처녀들은 그들의 등이 꺼져 가므로 슬기로운 처녀들에게 기름을 좀 나누어 달라고 애원했으나 거절당했다. 할 수 없이 기름을 사러 가야 했고, 그 사이에 신랑이 도착했다. 준비하고 기다리던 슬기로운 처녀들은 신랑과 함께 혼인 잔치에 들어갔고 곧 문은 잠겼다.

예수는 이 이야기를 끝내면서 제자들에게 "그날은 아무도 모른다. 그러니 항상 깨어 있으라."고 특별한 당부의 말을 남겼다 .

이 이야기는 '기다림'이 어떤 것인가를 이해하는 데 아주 적절한 비유다. **'기다림'은 준비된 미래요, 정성스러운 지향志向이다.**

그렇지 못한 기다림은 공허하다. 지조인이 '뜻 세움^{立志}'을 중요하게 생각하는 것도, 그것이 바로 뜻으로 설계한 삶의 지향이기 때문이다.

죽은 시간과 산 시간

손목시계의 빠르게 움직이는 초침을 보고 있노라면, 우리는 찰나로 다가왔다 사라지는 짧고 예리한 현재의 칼날 위에 서 있는 느낌에 빠질 때가 있다. 물리적인 시간으로 따지자면 현재는 찰나다. 과거는 이미 지나갔으니 소유할 수 없는 시간이며, 미래는 아직 오지 않았으니 역시 현재는 아니다. 인간은 소위 '문명인'이 되어 가면서 이 물리적으로 균분된 시간의 법칙과 지배 아래 움직이며 살고 있다. 현대인의 삶은 더욱 그러하다.

그러나 지조의 시간은 그렇지 않다. 과거는 일의 지속적인 결과로 전인적 삶의 내용으로 현재 안에 들어와 있고, 미래는 기다림과 믿음으로 현재 안에 이미 동참하고 있다. 뜻을 세우고 사는 사람들에게는, 과거는 지난 시간의 휴지통에 버린 낙서 조각이 아니다. 뜻으로 쌓아 온 과거는 높은 나무의 뿌리나 가지 같아서 지금 삶 안에서 하나의 유기체를 이루고 있다.

과거는 살아 있다. 지조로 쌓아 온 과거는 이미 나무에서 잘려 나가 아궁이에 던져지는 장작 토막이 아니라, 지금도 나무에 유기적 생명선生命線**을 잇고 있는 풍요로운 삶의 부피다.**

"이래도 한세상, 저래도 한세상인데, 뭐 그렇게 골치 아프게 살아갈 필요가 있나?" 하며, 세상 사람들은 '지조 지킴'을 골치 아픈 일쯤으로 생각하기 쉽다.

그렇다. 더욱이 후기 자본주의사회를 사는 현대인에게는 기술 혹은 기능과 그 대가로 얻는 보수만이 그들의 가치의 척도요, 관심의 대상이다. 그들의 일상 생활은 돈 받는 날을 주기로 한 시간 죽이기 게임이며, 월급쟁이들은 날짜 죽이는 재미로 노동의 고달픔을 상쇄한다.

노동이 '내 삶 살기'가 못 되고 '남의 삶 때우기'에 지나지 않을 때, 우리의 일상적 삶 속에서 잘려 나가는 무의미한 시간은 죽은 시간이다. 그것은 삶의 나무에서 잘려 나가 소멸의 아궁이에서 휴지처럼 불꽃으로 사라진다. 이처럼 자본주의 체제는 생명의 시간을 소비재 상품처럼 소모케 한다. ♦

분명 '지조 지킴'은 골치 아픈 일이다. 우리를 둘러싸고 있는 상황은 지조를 지키려는 사람들을 편안하게 내버려두지만은 않기 때문이다. 역사를 살펴보면 너무나 자주 가혹한 수난이 그들을 괴롭혀 왔다.

그러나 뜻을 세우고, 가능하다면 자기의 전 생애를 하나의 유기적 '생명의 작품'으로 이루어 가는 삶에는 남다른 기쁨과 희열이 있다. 뜻으로 세운 인생의 설계가 잔잔하건 치열하건, 그 삶이 세속적 의미에서 비극으로 끝났건 성공으로 끝났건 간에, 지조로 완성된 삶은 아름답다.

♦ 현대인의 이런 모습에 대해 에리히 프롬은 《사랑의 기술(The Art of Loving)》에서 매우 공감 가는 설명을 제공하고 있다. "현대인은 그 자신을 하나의 상품으로 만들었다. 현대인은 그의 생명력을, 인간 시장(Personality market)에서의 그의 위치와 상황을 고려하여, 최고의 이익을 얻어야 할 하나의 투자로 경험하고 있다. 현대인은 그 자신으로부터, 그의 친구로부터, 자연으로부터 소외되고 있다. 현대인의 주요 목표는 그의 기술, 지식, 그 자신, 그리고 그의 '인격 보따리(Personality package)'를 공정하고 유익한 교환을 바라는 다른 사람의 그것과 유익하게 교환하는 데 있다. 그들의 삶은 움직인다는 것 외엔 아무 목표도 없고, 공정한 교환이라는 것 외엔 아무 원칙도 없으며, 소비한다는 것 외엔 아무런 만족도 갖고 있지 않다."(Brich Fromm, The Art of Loving, Harper & Row Publishers, New York, p.105).

버트런드 러셀도 인생 전체를 일관된 뜻으로 살아가는 삶의 소중함을 이렇게 설명하고 있다.

인간이라는 존재는 자기의 삶을 하나의 전체로서 생각하는 경향을 갖느냐, 않느냐에 따라 아주 달라진다. 어떤 사람에겐 자기의 삶을 전체로서 생각하는 것이 자연스럽고 어떤 만족을 느끼는 일이며, 그런 삶을 살 수 있다는 것은 행복에 매우 중요한 요소다. 그렇지 않은 사람에겐, 인생은 일정한 지향도 통일성도 없는 잡다한 사건들의 연결일 뿐이다.

전자에 속하는 사람들은 후자의 사람들보다 훨씬 용이하게 행복을 성취할 수 있다. 왜냐하면, 그들은 만족과 자긍심을 얻어낼 수 있는 그런 환경을 단계적으로 만들어나가기 때문이다. 그러나 그렇지 못한 사람들은 환경의 바람이 부는 방향에 따라 오늘은 이쪽으로 내일은 저쪽으로, 어느 항구에도 닿지 못하고 떠돌아다닐 것이다.

인생을 전체로 보는 습관은 지혜와 참도덕의 본질이며, 인간 교육에서 장려되어야 할 일 중의 하나다. 일관된 목적이야말로 인생을 충분히 행복하게 만들 뿐만 아니라 행복한 삶에 거의 필수불가결한 요소다.

– Bertrand Russell, The Conquest of Happiness, New York,

Bantam Book Inc, 1968, pp. 157~158

지조를 지키다 순교한 사람의 아름다움도 그 극적인 죽음에 있는 것이 아니라, 뜻으로 이루어진 그 견고한 삶의 설계에 있다. 죽음이 처음부터 순교자의 삶의 목표는 아니었다. 순교는 그의 뜻의 흐름이, 그를 둘러싼 상황과의 비극적 부딪힘에서 일어나는 하나의 불꽃일 뿐이다.

그러나 순교자에게 죽음은 '모든 것의 상실'이 아니다. 그것은 타서 재가 되는 소멸이 아니라, 오히려 뜻으로 피어나는 생명의 꽃이다. 우리는 그 대표적인 예를 예수 그리스도의 '십자가 사건'에서 찾아볼 수 있다.

그는 로마 병사들에게 잡히던 날 밤, 겟세마네 동산에서 핏방울 같은 땀을 흘리며 자신의 죽음을 놓고 이렇게 기도했다.

"아버지, 나의 아버지! 아버지께서는 무엇이든 다 하실 수 있으시니 이 잔을 나에게서 거두어 주소서. 그러나 제 뜻대로 마시고 아버지의 뜻대로 하소서."

이 기도를 할 때의 심정을 그는 "내 마음이 괴로워 죽을 지경이다."라는 말로 표현했다. 그의 고통은 골고다 언덕의 십자가 위에서 외친 "나의 하나님, 나의 하나님, 어찌하여 나를 버리셨나이까?"라는 절규에서 그 절정을 이룬다.

그러나 그는 끝내 육신의 생존을 위해서 뜻을 버리지는 않았다. 온갖 세상의 영화와 유혹, 그리고 죽음까지도 극복한 예수 그리스도의 인간 구원을 위한 '뜻의 설계'는 2천 년이 지난 지금에도 수많은 크리스천의 빛이 되어 있다. 그의 생애는 견고한 뜻의 설계로 이루어진 하나의 완전한 작품이다.

이처럼 지조인의 삶은 마치 마음에 드는 구슬을 정성스레 골라 하나의 실에 꿰어 아름다운 목걸이를 만드는 일과도 같다. 그 마디마디를 꿰는 과정이 때로는 어렵고 고통스러울지라도, 그 완성은 언제나 아름답다.

그래서 지조는 우리에게 편리한 삶이 가장 좋은 삶이 아니라, 인간다운 삶이 더 아름다운 삶임을 깨닫게 해준다.

모진 세월을 이기고 하늘을 향해 높이 선

고목의 모습에서

위대한 견딤의 감동을 진하게 느낀다.

인간의 오랜 '지조 지킴'도 이와 같다.

그 견딤이 아름답다.

기다릴 줄 모르는 사람은

뜻을 이룰 수 없다.

어떻게 인생 전체를
'아름다운 삶'으로 완성할 것인가?

1978년, 그 암울했던 유신 독재정권 시절에 용두동의 내 작은 사무실에는 가까운 문우들이 자주 모였다. 오징어와 땅콩을 안주로 쓴 소주를 마시며 고난의 민족사에 대해, 고통받고 있는 민주주의에 대해, 신념도 철학도 없는 이 땅의 정치인들에 대해, 비겁한 우리의 지식인에 대해, 그리고 우리의 문학적 꿈에 대해 꽤나 많은 이야기를 나눴다.

그 당시 나의 중요한 관심사 중 하나가 바로 '지조志操'의 문제였다. 젊은 문우들은 각자 자기가 구상하고 있는 작품과 연구하고 싶은 과제들에 대해 스스럼없이 천기누설(?)을 했고, 나도 그 분위기에 취해 내가 꼭 쓰고 싶은 작품이 '신 지조론新志操論'

이라고 밝혔다. 덧붙여, 왜 '지조론'이 아니고 '신 지조론'인가에 대해서도 꽤 긴 설명을 했던 것으로 기억된다.

꼭 쓰지 않으면 안 될 약속을 친구들 앞에서 한 셈이 되어 버렸다. **당시 시대의 아픔과 고통을 현실의 삶으로 살고 있었던 나로서는 나름의 분명한 '행동철학'이 더욱 절실했던 시기였을 것이다.**

이후 '지조'의 문제는 오랫동안 내 삶의 구체적 '화두'였을 뿐 아니라 사색과 연구의 중요한 과제가 되었다. 과분한 탓이었는지 모르지만 동서의 문헌들을 아무리 찾아봐도, 그때까지 지조의 문제와 관련된 글이라는 게 고작 동탁 조지훈의 《지조론》 정도였다.

그러나 《지조론》을 읽어본 사람들은 다 알듯이 이 책도 여기저기 발표했던 시론들의 모음집으로, 그중 한 꼭지의 글을 책의 대표 제목으로 사용한 것뿐이다이 책의 원명은 《역사와 문화》였다. 물론 여기에 실린 여러 편이 선비정신과 관련된 것이었지만, 내가 관심을 가졌던 주제에 큰 도움을 주지는 못했다.

사실 애초부터 관심은 단순히 옛 선비들의 행적이나 선비정신을, 이 책 저 책에서 들춰내어 소개하는 데 있지 않았다. 그런 부류의 책이나 글들은 적잖게 나와 있고, 누구나 어렵지 않게 쓸 수 있는 일이기 때문이다.

오히려 내 관심의 초점은 **'오늘을 사는 사람들이 어떻게 뜻志으로 자기의 삶을 설계하고, 이를 인격의 정체성으로 만들고 지켜 나가며, 마침내 인생 전체를 아름다운 삶으로 완성할 것인가'** 하는 새로운 행동철학의 모색이었다.

일시적 고난을 넘어선 진정한 기쁨을, 한때의 실패를 넘어선 인생 전체의 완성을, 부분적 삶의 승패가 아닌 인생 전체가 승리하는, 그러한 행동철학을 제시해보고 싶었다.

이제 《신 지조론》을 출간하게 됨으로써 친구들과의 오랜 약속(?)을 지키게 된 셈이다. 그동안 내 어깨를 짓누르던 무거운 짐 하나를 내려놓은 기분이다.

조지훈의 〈지조론〉 – 변절자를 위하여

지조志操**란 것은 순일**純一**한 정신을 지키기 위한 불타는 신념이요, 눈물겨운 정성이며, 냉철한 확집**確執**이요, 고귀한 투쟁이기까지 하다.**

지조가 교양인의 위의威儀를 위하여 얼마나 값지고 그것이 국민의 교화에 미치는 힘이 얼마나 크며, 따라서 지조를 지키기 위한 괴로움이 얼마나 가혹한가를 헤아리는 사람들은 한 나라의 지도자를 평가하는 기준으로서 먼저 그 지조의 강도强度를 살피려 한다. 지조가 없는 지도자는 믿을 수가 없고 믿을 수 없는 지도자는 따를 수가 없기 때문이다.

자기의 명리名利만을 위하여 그 동지와 지지자와 추종자를 일

조一朝에 함정에 빠뜨리고 달아나는 지조 없는 지도자의 무절제
와 배신 앞에 우리는 얼마나 많이 실망하였는가.

지조를 지킨다는 것이 참으로 어려운 일임을 아는 까닭에 우
리는 지조 있는 지도자를 존경하고 그 인고因苦를 이해할 뿐 아
니라 안심하고 그를 믿을 수도 있는 것이다. 이와 같이 생각하
는 자者이기 때문에 지조 없는 지도자, 배신하는 변절자들을 개
탄慨嘆하고 연민憐憫하며 그와 같은 변절의 위기의 직전에 있는
인사들에게 경성警醒이 있기를 바라는 마음이 간절하다.

지조는 선비의 것이요, 교양인의 것이다. 장사꾼에게 지조를
바라거나 창녀에게 지조를 바란다는 것은 옛날에도 없었던 일
이지만, 선비와 교양인과 지도자에게 지조가 없다면 그가 인격
적으로 장사꾼과 창녀와 가릴 바가 무엇이 있겠는가. 식견識見
은 기술자와 장사꾼에게도 있을 수 있지 않는가 말이다.

물론 지사志士와 정치가가 완전히 같은 것은 아니다. 독립운
동할 때의 혁명가와 정치인은 모두 다 지사였고 또 지사라야
했지만, 정당운동의 단계에 들어간 오늘의 정치가들에게 선비
의 삼엄한 지조를 요구하는 것은 지나친 일인 줄은 안다.

그러나, 오늘의 정치 −정당운동을 통한 정치도 국리민복國利民福을 위한 정책을 통해서의 정상政商인 이상 백성을 버리고 백성이 지지하는 공동전선을 무너뜨리고 개인의 구복口腹과 명리를 위한 부동浮動은 무지조無志操로 규탄되어 마땅하다고 하지 않을 수 없다.

더구나 오늘 우리가 당면한 현실과 이 난국을 수습할 지도자의 자격으로 대망하는 정치가는 권모술수權謀術數에 능한 직업 정치인보다 지사적志士的 품격의 정치지도자를 더 대망하는 것이 국민 전체의 충정衷情인 것이 속일 수 없는 사실이기에 더욱 그러하다.

염결공정廉潔公正 청백강의淸白剛毅한 지사정치志士政治만이 이 국운을 만회할 수 있다고 믿는 이상 **모든 정치지도자에 대하여 지조의 깊이를 요청하고 변절의 악풍을 타매唾罵하는 것은 백성의 눈물겨운 호소이기도 하다.**

지조와 정조는 다 같이 절개에 속한다. 지조는 정신적인 것이고 정조는 육체적인 것이라고 하지만, 알고 보면 지조의 변절도 육체 생활의 이욕利慾에 매수된 것이요, 정조의 부정도 정신

의 쾌락에 대한 방종에서 비롯된다. 오늘의 정치인의 무절제를
장사꾼적인 이욕의 계교와 음부적淫婦的 환락歡樂의 탐혹耽惑이
합쳐서 놀아난 것이라면 과연 극언이 될 것인가.

하기는, 지조와 정조를 논한다는 것부터가 오늘에 와선 이미
시대착오의 잠꼬대에 지나지 않는다고 할 사람이 있을는지 모
른다. 하긴 그렇다. 왜 그러냐 하면, 지조와 정조를 지킨다는
것은 부자연한 일이요, 시세를 거역하는 일이기 때문이다.

과부나 홀아비가 개가改嫁하고 재취再娶하는 것은 생리적으로
나 가정 생활로나 자연스러운 일이므로 아무도 그것을 막을 수
없고, 또 그것을 막아서는 안 된다. 그러나, 우리는 그 개가와
재취를 지극히 당연한 것으로 승인하면서도 어떤 과부나 환부
鰥夫가 사랑하는 옛 짝을 위하여 개가나 속현續絃의 길을 버리고
일생을 마치는 그 절제에 대하여 찬탄하는 것을 또한 잊지 않
는다.

**보통 사람이 능히 하기 어려운 일을 했대서만이 아니라 자연으
로서의 인간의 본능고本能苦를 이성과 의지로써 초극超克한 그 정
신의 높이를 보기 때문이다. 정조의 고귀성이 여기에 있다.**

지조도 마찬가지다. 자기의 사상과 신념과 양심과 주체는 일찌감치 집어던지고 시세時勢에 따라 아무 권력에나 바꾸어 붙어서 구복의 걱정이나 덜고 명리의 세도에 참여하여 꺼덕대는 것이 자연한 일이지, 못나게 쬬를 부린다고 굶주리고 얻어맞고 짓밟히는 것처럼 부자연한 일이 어디 있겠느냐고 하면 얼핏 들어 우선 말은 되는 것 같다.

여름에 아이스케이크 장사를 하다가 가을바람만 불면 단팥죽 장사로 간판을 남 먼저 바꾸는 것을 누가 욕하겠는가. 장사꾼, 기술자, 사무원의 생활 방도는 이 길이 오히려 정도政道이기도 하다. 오늘의 변절자變節者도 자기를 이 같은 사람이라 생각하고 또 그렇게 자처한다면 별문제다.

그러나, 더러운 변절의 정당화를 위한 엄청난 공언公言을 늘어놓는 것은 분반噴飯할 일이다. 백성들이 그렇게 사람 보는 눈이 먼 줄 알아서는 안 된다. 백주 대로에 돌아앉아 볼기짝을 까고 대변을 보는 격이라면 점잖지 못한 표현이라 할 것인가.

지조를 지키리란 참으로 어려운 일이다. 자기의 신념에 어긋날 때면 목숨을 걸어 항거抗拒하여 타협하지 않고 부정과 불의한 권력 앞에는 최저의 생활, 최악의 인욕因辱을 무릅쓸 각오가 없으면 섣불리 지조를 입에 담아서는 안 된다. **정신의 자존**自尊 **자시**自恃**를 위해서는 자학**自虐**과도 같은 생활을 견디는 힘이 없이 는 지조는 지켜지지 않는다.**

그러므로, 지조의 매운 향기를 지닌 분들은 심한 고집과 기 벽奇癖까지도 지녔던 것이다. 신단재申丹齋 선생은 망명 생활 중 추운 겨울에 세수를 하는데 꼿꼿이 앉아서 두 손으로 물을 움 켜다 얼굴을 씻기 때문에 찬물이 모두 소매 속으로 흘러 들어 갔다고 한다. 어떤 제자가 그 까닭을 물으매, 내 동서남북 어느 곳에도 머리 숙일 곳이 없기 때문이라고 했다는 일화逸話가 있 다. 무서운 지조를 지킨 분의 한 분인 한용운 선생의 지조 때문 에 낳은 많은 기벽의 일화도 마찬가지다.

오늘 우리가 지도자와 정치인들에게 바라는 지조는 이토록 삼엄한 것은 아니다. **다만 당신 뒤에는 당신들을 주시하는 국민 이 있다는 것을 잊지 말고 자신의 위의**威儀**와 정치적 생명을 위하 여 좀더 어려운 것을 참고 견디라는 충고 정도다.** "한때의 적막 을 받을지언정 만고에 처량한 이름이 되지 말라."는 〈채근담菜 根譚〉의 한 구절을 보내고 싶은 심정이란 것이다.

끝까지 참고 견딜 힘도 없으면서 뜻있는 백성을 속여 야당野

黨의 투사를 가장함으로써 권력의 미끼를 기다리다가 후딱 넘어가는 교지狡智를 버리라는 말이다. 욕인辱人으로 출세의 바탕을 삼고 항거로써 최대의 아첨을 일삼는 본색을 탄로시키지 말라는 것이다.

이러한 충언의 근원을 캐면 그 바닥에는 변절하지 말라, 지조의 힘을 기르란 뜻이 깃들어 있다.

변절變節이란 무엇인가, 절개를 바꾸는 것, 곧 자기가 심신으로 이미 신념하고 표방했던 자리에서 방향을 바꾸는 것이다. 그러므로, **사람이 철이 들어서 세워놓은 주체의 자세를 뒤집는 것은 모두 다 넓은 의미의 변절이다. 그러나, 사람들이 욕하는 변절은 개과천선改過遷善의 변절이 아니고, 좋고 바른 데서 나쁜 방향으로 바꾸는 변절을 변절이라 한다.**

일제 때 경찰에 관계하다 독립운동으로 바꾼 이가 있거니와 그런 분을 변절이라고 욕하진 않았다. 그러나, 독립운동을 하다가 친일파親日派로 전향한 이는 변절자로 욕하였다. 권력에 붙어 벼슬하다가 야당이 된 이도 있다. 지조에 있어 완전히 깨끗하다고는 못하겠지만 이들에게도 변절자의 비난은 돌아가지 않는다.

　나머지 하나 협의狹義의 변절자, 비난 불신의 대상이 되는 변절자는 야당전선野黨戰線에서 이탈하여 권력에 몸을 파는 변절자다. 우리는 이런 사람의 이름을 역력히 기억할 수 있다.

　자기 신념으로 일관한 사람은 변절자가 아니다. 병자호란丙子胡亂 때 남한산성의 치욕에 김상헌이 찢은 항서降書를 도로 주워 모은 주화파主和派 최명길은 당시 민족정기民族精氣의 맹렬한 공격을 받았으나 심양의 감옥에 김상헌과 같이 갇히어 오해를 풀었다는 일화는 널리 알려진 얘기다. 최명길은 변절의 사士가 아니요 남다른 신념이 한층 강했던 이었음을 알 수 있다.

　또 누가 박중양, 문명기 등 허다한 친일파를 변절자라고 욕했는가. 그 사람들은 변절의 비난을 받기 이하의 더러운 친일파로 타기唾棄되기는 하였지만 변절자는 아니다.

　민족 전체의 일을 위하여 몸소 치욕을 무릅쓴 업적이 있을 때는 변절자로 욕하지 않는다. 앞에 든 최명길도 그런 범주에 들거니와, 일제 말기 말살되는 국어國語의 명맥命脈을 붙들고 살렸을 뿐 아니라 국내에서 민족해방의 날을 위한 유일의 준비가 되었던 《맞춤법 통일안》, 《표준말 모음》, 《큰사전》을 편찬한

‘조선어학회’가 ‘국민총력연맹國民總力聯盟 조선어학회지부朝鮮語學會支部’의 간판을 붙인 것을 욕하는 사람은 없었다.

아무런 하는 일도 없었다면 그 간판은 족히 변절의 비난을 받고도 남음이 있었을 것이다. 이런 의미에서 좌옹佐翁, 고우古愚, 육당六堂, 춘원春園 등 잊을 수 없는 업적을 지닌 이들의 일제 말의 대일협력對日協力의 이름은 그 변신變身을 통한 아무런 성과도 없었기 때문에 애석하나마 변절의 누명을 씻을 수 없었다.

그분들의 이름이 너무나 컸기 때문에 그에 대한 실망이 컸던 것은 우리의 기억이 잘 알고 있다. 그 때문에 이분들은 ‘반민특위反民特委’에 불리었고, 거기서 그들의 허물을 벗겨 주지 않았던가. 아무것도 못하고 누명만 쓸 바에야 무위無爲한 채로 민족정기의 사표師表가 됨만 같지 못한 것이다.

변절자에게는 저마다 그럴 듯한 구실이 있다. 첫째, 좀 크다는 사람들은 말하기를, 백이伯夷, 숙제叔齊는 나도 될 수 있다, 나만 깨끗이 굶어 죽으면 민족은 어쩌느냐가 그것이다. 범의 굴에 들어가야 범을 잡는다는 투의 이론이요, 그다음에 바깥에 선 아무 일도 안 되니 들어가 싸운다는 것이요, 가장 하치가 에라 권력에 붙어 이권이나 얻고 가족이나 고생시키지 말아야겠다는 것이다.

굶어 죽기가 쉽다거나, 들어가 싸운다거나, 바람이 났거나 간에 그 구실을 뒷받침할 만한 일을 획책畫策도 한 번 못해봤다면 그건 변절의 낙인밖에 얻을 것이 없는 것이다.

우리는 일찍이 어떤 선비도 변절하여 권력에 영합해서 들어갔다가 더러운 물을 뒤집어쓰지 않고 깨끗이 물러나온 예를 역사상에서 보지 못했다.

연산주燕山主의 황음荒淫에 어떤 고관의 부인이 궁중에 불리어갈 때 온몸을 명주로 동여매고 들어가면서, 만일 욕을 보면 살아서 돌아오지 않겠다고 해놓고 밀실에 들어가서는 그 황홀한 장치와 향기에 취하여 제 손으로 명주를 풀고 눕더라는 야담이 있다. 어떤 강간强姦도 나중에는 화간和姦이 된다는 이치와 같지 않는가.

만근輓近 30년래에 우리나라는 변절자가 많은 나라였다. 일제 말의 친일 전향, 해방 후의 남로당 탈당, 또 최근의 민주당民主黨의 탈당, 이것은 20이 넘은 사상적으로 철이 난 사람들의 주책없는 변절임에 있어서는 완전히 동궤同軌다. 감당도 못할 일을, 제 자신도 율律하지 못하는 주제에 무슨 민족이니 사회니 하고 나섰다라는 말인가. 지성인의 변절은 그것이 개과천선이든 무엇이든 인간적으로는 일단 모욕을 자취自取하는 것임을 알 것이다.

　우리가 지조를 생각하는 사람에게 주고 싶은 말은 다음의 한 구절이다. **"기녀妓女라도 늘그막에 남편을 좇으면 한평생 분 냄새가 거리낌이 없을 것이요, 정부貞婦라도 머리털 센 다음에 정조貞操를 잃고 보면 반생半生의 깨끗한 고절苦節이 아랑곳없으리라. 속담에 말하기를, 사람을 보려면 다만 그 후반後半을 보라."** 하였으니 참으로 명언이다.

　차돌에 바람이 들면 백 리를 날아간다는 우리 속담이 있거니와, 늦바람이란 참으로 무서운 일이다. 아직 지조를 깨뜨린 적이 없는 이는 만년晩年을 더욱 힘쓸 것이니 사람이란 늙으면 더러워지기 마련이기 때문이다. 아직 철이 안 든 탓으로 바람이 났던 이들은 스스로의 후반을 위하여 번연飜然히 깨우치라.

　한일합방 때 자결한 지사시인志士詩人 황매천은 정탈定奪이 매운 분으로 '매천필하무완인梅泉筆下無完人'이라는 평評을 듣거니와 그 《매천야록梅泉野錄》에 보면 민충정공閔忠正公, 민영환을 높여 부르는 말, 이용익 두 분의 초년初年 행적을 헐뜯은 곳이 있다. 오늘에 누가 민충정공, 이용익 선생을 욕하는 이 있겠는가. 우리는 그분들의 초년을 모른다. 역사에 남은 것은 그분들의 후반이요, 따라서 그분들의 생명은 마지막에 길이 남게 된 것이다.

도도히 밀려오는 망국亡國의 탁류濁流 —이 금력과 권력, 사악 앞에 목숨으로써 방파제를 이루고 있는 사람들은 지조의 함성을 높이 외치라. 그 지성 앞에는 사나운 물결도 물러서지 않고는 못 배길 것이다. 천하의 대세가 바른 것을 향하여 다가오는 때에 변절이란 무슨 어처구니없는 말인가.

이완용은 나라를 팔아먹어도 자기를 위한 36년의 선견지명先見之明(?)은 가졌었다. 무너질 날이 얼마 남지 않은 권력에 뒤늦게 팔리는 행색行色은 딱하기 짝없다. 배고프고 욕된 것을 조금 더 참으라. 그보다 더한 욕이 변절 뒤에 기다리고 있다.

"소인기少忍飢하라." 이 말에는 뼈아픈 고사故事가 있다. 광해군의 난정亂政 때 깨끗한 선비들은 나가서 벼슬하지 않았다.

어떤 선비들이 모여 바둑과 정담으로 소일消日하는데, 그 집 주인은 적빈赤貧이 여세如洗라 그 부인이 남편의 친구들을 위하여 점심에는 수제비국이라도 끓여 드리려 하니 땔나무가 없었다. 궤짝을 뜯어 도마 위에 놓고 식칼로 쪼개다가 잘못되어 젖을 찍고 말았다.

바둑 두던 선비들은 갑자기 안에서 나는 비명을 들었다. 주인이 들어갔다가 나와서 사실 얘기를 하고 추연惆然히 하는 말이, 가난이 죄라고 탄식하였다.

그 탄식을 듣고 선비 하나가 일어서며, 가난이 원순 줄 이제 처음 알았느냐고 야유하며 간 뒤로 그 선비는 다시 그 집에 오지 않았다. 몇 해 뒤 그 주인은 첫 뜻을 바꾸어 나아가 벼슬하다가 반정反正 때 몰리어 죽게 되었다.

수레에 실려서 형장으로 가는데 길가 숲속에서 어떤 사람이 나와 수레를 잠시 멈추게 한 다음 가지고 온 닭 한 마리와 술 한 병을 내놓고 같이 나누며 영결永訣하였다. 그때 그 친구의 말이, 자네가 새삼스레 가난을 탄식할 때 나는 자네가 마음이 변한 줄 이미 알고 발을 끊었다고 했다. 고기밥 맛에 끌리어 절개를 팔고 이 꼴이 되었으니 죽으면 고기 맛을 못 잊어서 어쩌겠느냐는 야유가 숨었는지도 모른다. 그러나, 이렇게 찾는 것은 우정이었다. 죄인은 수레에 다시 타고 형장으로 끌려가면서 탄식하였다. "소인기少忍飢하라."

변절자에게도 양심은 있다. 야당에서 권력에로 팔린 뒤 거드럭거리다 이내 실세失勢한 사람도 있고 갓 들어가서 애교를 떠는 축도 있다. 그들은 대개 성명서를 낸 바 있다. 표면으로 성명은 버젓하나 뜻있는 사람을 대하는 그 얼굴에는 수치의 감정이 역연歷然하다.

그것이 바로 양심이란 것이다. 구복과 명리를 위한 변절은 말없이 사라지는 것이 좋다. 자기변명은 도리어 자기를 깎는 것이기 때문이다. 처녀가 아기를 낳아도 핑계는 있다는 법이다. 그러나, 나는 왜 아기를 배게 됐느냐 하는 그 이야기 자체가 창피하지 않은가.

양가良家의 부녀가 놀아나고 학자 문인까지도 지조를 헌신짝같이 아는 사람이 생기게 되었으니 변절하는 정치가들도 우리쯤이야 괜찮다고 자위할지 모른다. 그러나, 역시 지조는 어느 때나 선비의, 교양인의, 지도자의 생명이다. 이러한 사람들이 지조를 잃고 변절한다는 것은 스스로 그 자임自任하는 바를 포기하는 것이다.

— 1960년 2월 15일 (《새벽》 3월호)

등장인물 도움주기

자 달가達可, 호 포은圃隱. 영천에서 태어남.

고려 말의 성리학자며 정치가다. 1360년 문과에 장원하면서 전공판서, 예의판서, 예문관 제학, 수문하시중, 우문관제학 등을 지냈다.

개성의 5부 학당學堂과 지방에 향교를 세워 교육 진흥에 힘썼고, 신율新律을 간행하여 법질서의 확립에 이바지했다. 또한 외교, 군사 면에까지 능통하여 최영, 이성계 등과 함께 가장 영향력 있는 고려 말의 정치가 중 한 사람이었다. 이성계 일파가 역성혁명을 꾀하고 있다는 것을 알고 사전에 저지하려 하다가, 이를 눈치챈 이방원 일당에 의해 개성의 선죽교에서 피살됐다.

동방 성리학의 조종祖宗으로, 그의 학문의 맥은 길재 → 김숙자 → 김종직 → 김굉필 → 조광조로 이어지면서 조선시대 사림파의 전통을 이루어 후세에 큰 영향을 미쳤다. 목은 이색, 야은 길재와 함께 '고려 말의 삼은三隱'으로 사람들의 존경을 받았다.

저서로 〈포은집圃隱集〉이 있다.

자 재부再父, 호 야은冶隱. 선산에서 태어남.

일찍이 정몽주와 권근의 문하에서 수학하여 조선시대 사림파의 비조鼻祖가 되었다.

고려 우왕 때 과거에 급제하고, 창왕 때 주서注書가 되었으나, 고려 말의 어지러운 정치 상황을 보고 벼슬을 버리고 고향으로 돌아와 학문에만 전념했다. 이성계가 조선 왕조를 건립하자, 어릴 때의 친구 이방원이 벼슬을 내리고 함께 일하기를 간곡히 설득했으나 끝내 거절했다.

그는 향리에서 제자를 가르치는 일로 여생을 보냈는데, 그의 은둔은 정몽주의 도학道學 계보를 이어받아 후학들에게 전하는 계기가 되어, 김종직 → 김굉필 → 조광조로 이어지는 조선시대 사림파의 정신사적 전통을 만들었다.

포은 정몽주, 목은 이색과 함께 '고려 말 삼은三隱'이라는 아름다운 이름으로 후세에 기억되고 있다.

자 자준子濬, 호 압구정鴨鷗亭, 사우당四友堂.

사십이 가깝도록 벼슬하지 못하고 어려운 생활을 하다가, 37세 때에 수양대군과 가까운 친구 권람의 주선으로 경덕궁직慶德宮直이라는 말직을 얻게 된다. 그러나 이를 계기로 수양대군의 측근 참모가 되어 단종으로부터 왕위를 빼앗는 데 결정적 역할을 한다.

이 과정에서 그는 김종서, 황보인, 성삼문, 박팽년, 안평대군, 금성대군 등 조선 초기의 쟁쟁한 인물들을 차례로 제거하며 권력의 길을 열었다.

그 논공행상으로 동부승지, 좌승지, 도승지, 병조판서, 우의정 등을 거쳐 영의정의 자리에까지 올랐다. 이시애의 난 때, 그는 신숙주와 함께 역모에 가담했다는 누명을 쓰고 잠시 곤욕을 치르기도 했다. 하지만 모사다운 술수와 계략으로 두 명의 딸을 예종, 성종의 비妃로 앉힘으로써 영의정을 두 번이나 지내는 등 죽을 때까지 부귀와 영화를 누렸다.

그러나 역사에서 그의 이름은 수양대군과 함께, 지조를 지키다 절사한 사육신과 대비될 때면 언제나 어두운 그늘의 자리에 놓이게 된다.

한명회의 정치에는 도덕이 없고, 오직 생존과 실리만 있었다. 그는 명분보다는 권력을, 이상보다 현실을 택한 냉정한 전략가였다. 1504년, 연산군의 명령으로 부관참시를 당하게 된다. 그의 시신은 무덤에서 파헤쳐져 목이 베어지고 해골이 부서지는 극형에 처해졌다.

당대의 승리자가 반드시 역사의 승리자가 아님을, 그의 삶은 우리에게 가르쳐주고 있다.

자 범옹泛翁, 호 보한재保閑齋, 희현당希賢堂.

1439년 친시문과親試文科에 급제하고 1447년 문과중시文科重試에 급제하면서 벼슬길은 순탄하게 이어졌다. 일생 동안 여섯 왕을 섬기며 대제학, 공조판서, 우찬성, 우의정, 좌의정을 거쳐 영의정을 두 번이나 지내는 관운을 누렸다.

일찍이 세종의 총애를 받아 집현전 학사로서 성삼문, 박팽년 등과 함께 한글 창제에 크게 이바지했다. 문종이 죽고 어린 단종이 왕위에 오르자 한명회, 정인지 등과 함께 단종을 몰아내고 수양대군을 왕으로 추대하는 데 앞장섰다. 그 공훈으로 죽을 때까지 높은 벼슬자리를 오가며 영화를 누렸다.

그러나 수양대군의 왕위 찬탈을 도와 권력의 길을 택함으로써 당대의 영화는 누렸으나, 후세에 사육신의 절의와 비교되어, 변절자라는 오명을 남겼다.

저서로 〈보한재집保閑齋集〉, 〈해동제국기海東諸國記〉, 〈사성통고四聲通攷〉가 있다.

자 근보謹甫, 호 매죽헌梅竹軒.

세종 때의 대표적인 집현전 학자로서 한글 창제에 크게 이바지했고, 수양대군이 어린 조카 단종의 왕위를 찬탈하자 박팽년, 이개 등과 함께 단종의 복위를 꾀하다 죽은 사육신으로 더욱 유명하다.

1438년 생원으로 식년문과式年文科에 급제하고, 1447년 문과 중시文科重試에 장원하여 중앙 정치 무대에 주목을 받으며 등장했다. 이후 집현전 학사, 경연관이 되어 세종의 남다른 총애를 받았다.

1455년 수양대군이 단종을 몰아내고 왕위에 오르자 아버지 성승, 그리고 박팽년, 하위지, 이개, 유응부, 류성원 등과 함께 단종의 복위 계획을 세우고 실행하려다, 이 모의에 가담했던 김질의 밀고로 체포되어 작형灼形, 불로 지짐을 받고 순절했다. 왕이 친히 국문하는 자리에서 세조를 끝까지 '나리'라고 불러, 선비의 뜻은 죽임으로써도 꺾을 수 없는 것임을 보여줬다.

저서로 〈성근보집成謹甫集〉이 있다.

자 계온季昷, 호 점필재佔畢齋. 밀양에서 태어남.

정몽주 → 길재의 도학道學 계보를 이은 아버지 김숙자에게서 학문을 배워 조선시대 사림파의 조종祖宗이 되었다. 후대 조광조, 이황 등으로 이어지는 사림 정치와 성리학적 도학사상의 뿌리를 마련했다. 1459년에 문과에 급제했으나, 정치적 뜻을 펴기 시작한 것은 성종 때에 이르러서였다.

성종은 김종직의 학문과 인품을 높이 평가하여 특별히 총애하였고, 그의 제자들을 관직에 많이 등용케 했다. 그러나 훈구파의 심한 견제로 그의 개혁 의지를 현실 정치에서 제대로 펴기는 어려웠다.

일찍이 중국의 항우項羽가 국왕인 의제義帝를 시해한 것을 빗대어, 조카 단종의 죽음을 슬퍼하고 왕위를 찬탈한 수양대군을 비난한 '조의제문弔義帝文'을 지은 바 있었다. 그런데 그가 죽은 후 6년 뒤인 1498년에 제자 김일손이 사관史官으로 있으면서 이 글을 사초史草에 넣었는데, 이를 문제 삼아 이극돈, 유자광 등이 연산군을 충동질하여 김일손 등 사림파를 제거하는 기회로 삼았다. 이것이 무오사화戊午士禍다.

　이로 인해 김종직의 많은 제자가 죽거나 귀양 보내졌으며, 그는 부관참시剖棺斬屍 당하는 화를 입었다. 그러나 사림파의 개혁 정신은 그의 손제자孫弟子 조광조로 계승되어 다시 한 번 현실 정치에 그 모습을 드러내지만, 수구파들의 거센 저항에 부딪혀 실패로 돌아갔다.

자 열경悅卿, 호 매월당梅月堂.

일찍이 다섯 살 때 사서삼경을 읽어 신동으로 불렸다.

21세 때에 수양대군이 조카 단종을 몰아내고 왕위에 올랐다는 소식을 듣고, 책을 불사르고 절로 들어갔다. 금강산으로부터 남해의 다도해에 이르기까지 스님도 선비도 아닌 행색으로 떠돌이 생활을 하며 시詩와 기행奇行으로 일생을 보냈다.

특히 시문詩文에 뛰어난 재능을 보여, 그가 지은 〈금오신화金鰲新話〉는 우리나라 최초의 한문소설로 문학사에 기록되어 있으며, 그의 한시漢詩들은 오랫동안 많은 사람들의 입에 회자되며 널리 칭송됐다.

세속적 출세의 길을 스스로 단절함으로써 수양대군의 왕위 찬탈을 부정하고, 단종으로 표상되는 국가의 정통성에 대한 절의를 지킴으로써 의義를 이룬 김시습 등을 사람들은 '생육신'이라 불렀다.

수양대군이 조카 단종을 몰아내고 왕위를 찬탈하자, 벼슬을 버리고 은둔이나 방랑으로 절개를 지키며 산 여섯 신하를 말한다. 김시습, 원호, 이맹전, 조여, 성담수, 남효온을 일컬어 생육신이라 불렀다.

'사육신'이 죽음으로 절개를 지킨 경우라면, '생육신'은 단종에 대한 사모와 세조에 대한 협력의 거부로 뜻을 지킨 사람들이다.

결국 행동보다 양심으로 시대를 증언한 사람들이었다. 그들의 침묵은 굴복이 아니라, 불의한 권력과의 단절을 통한 내면의 저항이었다.

숙부 수양대군에게 왕위를 빼앗긴 단종의 복위를 꾀하다 사전에 발각되어 순사殉死한 여섯 충신 성삼문, 박팽년, 이개, 하위지, 유응부, 류성원이다.

1453년단종 1년 수양대군은 한명회, 홍윤성, 홍달손, 양정 등을 동원하여 영의정 황보인, 좌의정 김종서, 안평대군 등을 죽이고 조정의 실권을 완전히 손에 넣었다. 2년 후에는 단종을 몰아내고 왕권을 장악했다.

나라의 정통성과 정당성이 무력에 의해 짓밟힌 것에 분개한 성삼문 등은 세조를 몰아내고 단종을 복위시킬 것을 결의하고 거사 시기를 엿보다가, 1456년 6월 명나라 사신을 본국으로 떠나보내는 환송연에 성삼문의 아버지 성승과 유응부가 국왕 양쪽에서 칼을 들고 지키는 운검雲劍의 역할을 맡게 되자, 이날을 거사일로 정했다.

그러나 운검이 취소되는 바람에 계획이 미루어지자, 이에 불안을 느낀 김질이 뒷일이 겁이나 밀고함으로써 연루자 전원이 붙잡히게 된다. 류성원은 잡히기 전에 스스로 목숨을 끊고, 하위지는 참살당했다. 그리고 성삼문, 박팽년, 이개, 유응부는 세조의 국문을 받고 참혹한 죽임을 당했다. 이들의 가족 중 남자는 모두 살해당하고 여자는 노비가 되었다.

그들의 행동은 신하의 충절과 지조의 표본이 되었으며, 후대 성리학자들에게 지사志士의 모범으로 추앙되었다. 그들이 죽은 지 2백 년이 지나서야 숙종에 의해 사육신의 관직이 회복되었다.

사람은 죽을 수 있으나, 의리는 사라질 수 없다人可死而 義不可滅

— 성삼문 옥중 시에서

자 효직孝直, 호 정암靜菴. 서울에서 태어남.

그의 인생에 큰 영향을 미친 스승 한훤당 김굉필을 만난 것은 그의 나이 17세 때였다. 김굉필에게서 학문은 물론, 정봉주 → 길재 → 김종직 → 김굉필로 이어지는 사림파의 선비정신과 정치철학을 이어받았다.

1510년 진사시에 장원을 하고, 1515년 알성시謁聖試에 급제함으로써 현실 정치에 발을 들여놓았다.

그의 도학道學 정치의 꿈은, 연산군의 폭정을 반정反政의 과정을 통해 단절하고 왕위에 오른 중종의 선정善政 의지와 맞아떨어져 개혁으로 나타나게 된다. 승지, 부제학을 거쳐 대사헌에 이르면서 많은 개혁 세력을 요직에 끌어들여 오랜 적폐를 개혁해나갔다.

그러나 개혁 과정에서 정치적 헤게모니를 빼앗긴 훈구 세력은 반격의 기회를 엿보다가, 중종이 그의 급진적 개혁에 다소 부담감을 느끼는 듯하자 홍경주, 남곤, 심정 등이 조광조를 모략하여 귀양 보낸 뒤 사사賜死케 했다. 이를 을묘사화乙卯士禍라

한다.

훗날 율곡 이이는 〈석담일기石潭日記〉에서 "그의 정치에는 사심이 없었고, 그의 개혁에는 백성에 대한 도의가 있었다. 하지만 그의 이상은 높았으나 세상을 다스리기엔 너무 순수했다."고 안타까워했다.

그러나 이러한 정치적 좌절에도 불구하고, 이후 그는 조선시대를 관통하면서 뜻있는 선비들에게 개혁 정치의 사표가 되어 지대한 영향을 끼쳤다.

저서로 〈정암집靜菴集〉이 있다.

서경덕徐敬德

1489조선 성종 20년~1546년명종 1년

자 가구可久, 호 화담花潭. 개성에서 태어남.

집안이 너무 가난하여 독학으로 공부하였으나 조선시대 성리학의 큰 봉우리를 이뤘다. 이택당이 "화담은 가난한 집안에서 분발하여 일어나서 높은 절조節操로 시종 관철하고, 이수理數의 학문은 소강절북송의 유학자이자 철학자, 성리학의 선구자을 뒤쫓으니 조정암 이후에 그 위에 나아갈 사람은 없다."고 할 만큼, 좋지 않은 환경에서도 뜻을 이룬 인물이다.

어머니의 명을 거역하지 못하여 40이 넘어 생원시生員試에 급제했으나 벼슬하기를 단념하고 학문에만 전념하며 안빈낙도의 삶을 살았다. 그의 기氣철학은 장횡거북송의 유학자이자 철학자다. 성리학의 시조 중 한 사람의 영향을 받은 바 크나, 퇴계나 율곡의 철학과도 다른 독창적인 면을 보여줬다.

명기 황진이의 유혹을 물리친 일화는 지금도 사람들의 입에 회자되고 있을 만큼 고매한 인격의 소유자였다. 화담은 황진이, 박연폭포와 더불어 송도삼절松都三絶로도 유명하다.

자 건중楗仲, 호 남명南冥. 합천 삼가에서 태어남.

어린 시절부터 유교 경서뿐만 아니라 제자백가, 불교, 노장 사상, 천문, 지리, 의학, 병법 등 다양한 분야를 두루 섭렵했다. 두류산지리산 덕산동에 은거하며 학문 연구와 후진 양성에만 전념하며 일체 벼슬길에 나서지 않았다.

그의 명성이 널리 알려져 중종, 명종, 선조 3조에 걸쳐 벼슬을 내려 불렀으나 한 번도 나아가지 않았다.

그는 벽에 '敬義' 두 글자를 써 붙여놓고 자기 닦음修己의 경구로 삼았다. 특히 항상 쇠방울을 차고 다녔는데 이를 '성성자惺惺子'라고 하여, 그 흔들리는 소리에 마음을 깨우쳤다고 한다.

그의 학문은 퇴계 이황에 버금간다는 평을 받았다. 그의 문하에는 임진왜란 때 의병을 일으킨 곽재우, 정인홍, 김효원, 김우옹 등 훌륭한 제자들을 배출하여 퇴계와 더불어 영남학파의 양대 산맥을 이뤘다.

저서로 〈남명집南冥集〉, 〈파한잡기破閑雜記〉 등과 문학 작품으로 〈남명가南冥歌〉, 〈권선지로가勸善指路歌〉 등이 있다.

1501조선 연산군 7년~1570년선조 3년

자 경호景浩, 호 퇴계退溪. 안동 예안에서 태어남.

태어난 지 7개월 만에 아버지를 여의고 홀어머니와 숙부 밑에서 양육되었다. 27세에 진사시進士試에 합격하고, 34세에 문과에 급제하여 벼슬길에 나섰다. 이후 호조좌랑, 홍문관 교리, 부제학, 공조참판, 예조판서, 대제학 등을 지냈다.

하지만 그는 이미 일찍이 벼슬에 큰 뜻을 두지 않고, 왕이 부르면 마지못해 잠깐 벼슬자리에 올랐다가 이내 사직하고 향리로 돌아오곤 했다.

54세 때에 고향에 도산서당을 세우고 학문 연구와 후진 양성에 힘써, 수많은 제자를 길러내고 한국 유학사에 길이 남는 방대한 저서들을 저술했다. 성리학에 대한 그의 이론은 종주국인 중국의 주자朱子의 것을 능가할 만큼 정치精緻하고 깊이가 있어, '동방의 주자'라는 칭송을 받았다.

주리론主理論인 그의 학설은 주기론主氣論인 이이의 학설과 더불어 우리나라 성리학의 양대 산맥을 이뤘고, 뒤에 일본 유학에도 큰 영향을 미쳤으며, 오늘에 와서는 서양 철학자들의 큰 관심의 대상이 되고 있다.

'퇴계학退溪學'은 조선 후기 학문적 양심과 지성의 상징이 되었고, 오늘날까지 인간 내면의 도덕성과 수양의 중요성을 일깨우는 사상으로 평가된다. 하지만 다산 정약용은 〈여유당전서與猶堂全書〉에서 "이황의 학문은 높고 깊으나, 세상을 다스리는 데는 너무 청묘淸妙하다."고 평가했다.

저서로 〈천명도설天命圖說, 정지운이 지었고 이황의 교열을 받았음〉, 〈성학십도聖學十圖〉, 〈자성록自省錄〉, 〈주자서절요朱子書節要〉, 〈퇴계집退溪集〉 등이 있다.

자 숙헌叔獻, 호 율곡栗谷. 어머니 신사임당의 고향인 강릉에서 태어남.

조선시대의 대표적인 성리학자며 정치가다. 이황과 더불어 조선 성리학의 두 거봉이다. 퇴계가 내면의 수양을 중시했다면, 율곡은 현실 개혁을 통해 도道를 실천하려 했다.

12세에 진사進士 초시初試에 합격했으나 16세에 어머니를 여의고, 19세에 금강산에 들어가 일 년 동안 불경을 공부했다. 28세에 생원시生員試와 식년문과式年文科에 장원함으로써 재능이 알려지게 되었다. 뒤에 예문관 제학, 이조판서, 형조판서 등을 지냈다.

남다른 정치적 감각과 경세철학으로 10만 대군 양병과 대공수미법代貢收米法의 실시를 주장했다. 한편 당쟁의 조정에도 힘썼으며, 향약을 만들어 백성들의 자치 능력을 깨우쳤다. 그러나 그의 뛰어난 정치적 역량도 고질적인 당파싸움 때문에 제대로 펴는 데는 한계가 있었다.

그가 남긴 업적은 오히려 성리학 연구에서 그 빛을 발한다.

퇴계 이황과 함께 중국의 성리학을 발전시켜 종주국을 훨씬 능가하는 수준까지 끌어올렸다. 퇴계가 주리론자主理論者로 영남학파를 대표하는 학자라면, 율곡은 주기론자主氣論者로 기호학파의 대표적인 학자다.

율곡 이이는 유교 정치철학의 실천 모델을 제시했으며, 그의 사상은 후대에 실학實學과 개혁 유학儒學의 밑거름이 되었다.

저서로 〈성학집요聖學輯要〉, 〈격몽요결擊蒙要訣〉, 〈중용토석中庸吐釋〉 등이 있다.

자 숙도叔度, 호 청음淸陰.

1596년 문과에 급제한 뒤 대사간, 대사헌, 대제학, 예조판서, 좌의정 등 요직을 두루 지냈다.

1636년 병자호란이 일어나자, 인조는 조정의 신하들을 이끌고 남한산성으로 피신하여 40여 일을 버텼다. 계절은 겨울이라 병사들은 추위에 얼어 죽고 양식은 거의 다 떨어져 가는 상황에서, 청나라에 항복하자는 주장과 계속 싸우자는 주장으로 갈려 신하들은 갑론을박을 계속했다.

김상헌은 삼학사三學士와 함께 척화파의 대표적 인물이었다. 그는 최명길이 기초한 항서降書를 왕이 보는 앞에서 찢으면서 끝까지 항전할 것을 주장했다. 그러나 결국 인조는 삼전도지금의 송파에 마련된 수항단受降檀에서 청 태종에게 굴욕적인 항복의 예를 올리게 되고, 그는 청나라 수도 심양으로 붙잡혀 가 3년 동안 갇혔다가 풀려났다. 당시 그는 청나라에 굴욕적으로 유린당한 백성들에게 꺾이지 않은 고절高節의 상징이었다.

병자호란 때 결사 항전을 주장하다 청나라 심양으로 끌려가 죽은 세 사람의 학사學士를 말한다.

1636년 인조 14년 청나라 태종은 10만 대군을 이끌고 조선을 침략했다. 강화도로 피신하려던 인조는 길이 차단당하자, 남한산성에 들어가 40여 일을 버텼다. 식량은 거의 떨어지고, 노숙하는 병사들은 추위와 허기에 쓰러지는 절망적 상황이었다. 그런 와중에도 조정의 중신들은 '항전할 것인가 항복할 것인가'를 두고 논란을 거듭했다. 이때 끝까지 항전할 것을 가장 강력히 주장한 젊은 학사가 홍익한, 윤집, 오달제였다.

결국 주화론主和論이 우세해, 이듬해 1월 인조는 삼전도에 마련된 수항단受降檀에서 청나라에 항복했고, 삼학사는 소현세자와 함께 심양으로 끌려가 참형을 당했다. 인조는 그들의 충절을 기리기 위해 삼학사를 기리는 사당과 비석을 세웠다. 삼학사는 조선의 유교적 가치관에서 가장 중요시된 충忠과 의義를 지키기 위해 생명을 바친 사림의 표상으로 남아 있다.

최명길崔鳴吉

1586조선 선조 19년~1647년인조 25년

자 자겸子謙, 호 지천遲川, 창랑滄浪.

1614년 광해군 6년 병조좌랑으로 있을 때 폐모론廢母論을 누설했다고 하여 파직당한 후, 고향인 가평에 내려가 학문을 닦았다. 1623년 인조반정에 가담, 정사靖社 1등 공신으로 관직에 화려하게 복귀했다.

1637년 병자호란이 일어나자 이조판서로서 주화론主和論에 앞장섰으며, 항복이 결정되자 스스로 굴욕적인 항서降書를 기초하기도 했다.

그의 주화론은 당시 김상헌 등 척화론자들의 거센 비판을 받았으나, 난국 수습을 위해 현실적으로 누군가는 맡아야 했을 역할이었다는 것이 후세의 평가다. 현실적 한계를 인식하고 국가의 생존을 최우선하는 외교적 결단이라는 것이다.

그는 인조에게 올린 상소에서 "의리로는 옳지 않으나, 나라가 망하면 의리조차 존재하지 못한다."고 했다. 청나라 군대가 물러가자, 사은사謝恩士로 심양으로 가서, 붙잡혀 온 척화신斥和臣들을 구출해내는 데 앞장섰다.

그의 주화론은 청나라에 대한 사대주의라기보다는, 오히려 냉엄한 국제 정치적 현실에서 나라를 지키기 위한 용기 있는 악역이었다.

1640년 대청對淸 항복 조건에 금지된 명나라와의 외교를 지속하기 위해, 이경석과 모의하여 독보獨步를 명나라에 밀파했다가 발각되어 심양으로 끌려가 감옥에 갇히기도 했다. 척화론을 펴다 잡혀 와 있던 김상헌은 거기서 최명길을 만나 서로의 오해를 풀었다는 일화가 있다.

자 상보尚輔, 호 백헌白軒, 쌍계雙溪.

1613년 진사시進士試에, 1623년 알성문과謁聖文科에 급제하면서 벼슬길에 나섰다. '이괄의 난'이 일어나자 공주로 피신하던 인조를 수행하며 끝까지 곁을 지켰고, 이를 계기로 왕의 두터운 신임을 받게 됐다.

1636년 병자호란이 일어나자, 최명길과 함께 왕을 도와 난국 수습에 앞장섰다. 당시 청나라가 조선의 항복을 받아들여 군대를 철수하는 조건의 하나로 '대청황제공덕비'의 건립을 요구하자, 아무도 쓰기를 꺼리는 치욕적인 내용의 비문을 지었다. 그리고 청나라 수도 심양으로 가서 인질로 붙잡혀 온 척화파 사람들을 구해왔다.

1649년 영의정으로 있을 때, 효종의 북벌 계획이 김자점의 밀고로 청나라에 탄로 나자, 스스로 모든 책임을 지고 의주의 백마산성에 위리안치圍籬安置를 당하는 곤욕을 치르기도 했다. 그럼에도 불구하고 그는 부제학, 이조판서, 대제학, 영의정 등 요직을 두루 거치며 탁월한 정치적 능력을 발휘하여 난세를 극복하는 데 이바지했다.

그러나 그가 쓴 '대청황제공덕비'의 굴욕적인 내용 때문에 송시열 등 노론 측의 호된 비판을 받았다. 이 일로 그는 사후에까지 정적들의 비난의 표적이 되어 노·소론 간의 논쟁의 불씨를 제공했다.

그는 문장과 글씨에도 능해 장유, 이식 등과 함께 당대의 문장가로 꼽혔다.

저서로 〈백헌집白軒集〉이 있다.

자 덕부德夫, 호 반계磻溪. 서울에서 태어남.

2세에 아버지를 여의고 할아버지 밑에서 자랐다. 15세 때 병자호란이 일어나자, 조부는 그를 데리고 전라도 부안으로 낙향했다. 이후 벼슬을 하지 않은 채 이곳에서 학문에만 몰두하며 여생을 보냈다. 그는 당시 두 번의 큰 외침을 겪어 피폐할 대로 피폐한 백성들의 생활과 이를 외면한 채 당쟁이나 일삼는 정치의 적폐를 바라보면서, 경세제민經世濟民의 실용적 대안을 연구하기 시작했다.

그는 생전에는 빛을 보지 못했다. 하지만 죽은 지 1백 년 뒤에 영조가 그의 글을 읽고 감탄하여 이를 간행할 것을 명함으로써, 그 진가를 인정받게 되었다. 26권으로 된 〈반계수록磻溪隧錄〉에는 토지 제도, 세제, 행정직제, 병역 제도는 물론 예의, 풍속, 도량형, 노예 문제 등 실로 방대한 문제를 다루고 있다.

그의 연구 업적은 성호 이익, 다산 정약용으로 이어지면서 조선시대 실학의 큰 줄기를 이뤘다.

자 계긍季肯, 호 서계西溪.

1660년 문과에 장원하여 뛰어난 재능을 인정받고 부수찬, 황해도 암행어사 등을 지냈다. 1668년 이조좌랑에 임명되었으나 취임을 거부함으로써 장형杖刑을 받기도 했다.

1695년 소론이 득세하자 공조판서, 형조판서, 이조판서 등 요직을 거치면서 조정의 핵심 인물로 부상했다. 그러나 1703년 판중추원부사로 기로소耆老所에 들어가 〈사서四書〉를 주해한 〈사변록思辨錄〉을 집필했다. 그런데 그 내용이 주자의 주장을 정면으로 비판하는 등 독자적인 학설을 펴, 사문난적斯文亂賊으로 몰려 관직을 삭탈당하고 유배되었다가 그곳에서 병사했다.

정치적 소신이 뚜렷하고 독자적인 자기 이론을 편 소신 있는 학자뿐만 아니라, 실학의 선구자로 후세에 큰 영향을 미쳤다.

저서로 〈사변록〉, 〈색경穡經〉, 〈산림경제山林經濟〉가 있다.

이익 李瀷

1681조선 숙종 6년~**1763년**영조 39년

자 자신子新, 호 성호星湖.

정약용, 류형원과 함께 조선시대의 대표적인 실학자다. 1681
년 부친 이하진의 유배지였던 평안도 운산에서 태어났다.

1680년 경신대출척庚申大黜陟, 서인 일파가 당시의 세력파이던 남인을 몰아
내고 권력을 잡았던 사건으로 노론이 정치 실권을 독점함에 따라 남인
들이 된서리를 맞게 되었는데, 그의 부친의 귀양도 이 과정에
서 빚어진 것이었다. 그는 태어난 다음 해에 부친을 여의고, 이
후 가족은 경기도 광주 첨성촌으로 돌아와 자리잡게 되었다.

25세 때 증광문과增廣文科에 응시하여 초시에는 합격하나, 이
듬해 그의 형 잠潛이 장희빈을 두둔하고 노론을 공격하는 소疎
를 올렸다가 역적으로 몰려 죽게 된 후, 벼슬의 길을 단념하고
향리에서 농사를 지으며 학문 연구에 몰두했다.

이익은 〈성호사설星湖僿說〉에서 "학문은 오직 백성을 위한 것
이어야 하며, 글로써 이익을 구하는 것은 참된 학문이 아니다."
고 했다. 그가 남긴 실학 관련 저서는 그 양뿐만 아니라 내용
또한 방대하여, 넓고 깊은 학문적 역량을 실감케 한다. 당시의

정치 사회적 모순과 부조리를 분석 비판하고, 이에 대한 대안을 다양하게 제시했다.

관심의 폭이 너무나 넓어 인재 등용, 전제田制, 세제稅制, 화폐, 시장, 노예 문제, 교육, 의학에 이르기까지 다루지 않은 분야가 없을 만큼 전반에 걸쳐 폭넓은 관심과 식견을 지닌 인물이었다.

저서로 〈성호사설〉, 〈성호집星湖集〉 등이 있다.

자 미용 美鏞, 송보 頌甫, 호 다산 茶山, 여유당 與猶堂. 경기도 광주 마재에서 태어남.

유형원 → 이익 → 정약용으로 이어지는 조선조 후기 실학의 대표적인 학자로 널리 알려져 있다. 일찍이 매부 이승훈의 영향으로 천주교도가 되었고, 이익의 유고를 접하여 실학에 관심을 갖게 됐다.

노론의 득세에 따라 남인 가문인 그의 선조들은 몇 대째 벼슬을 하지 못하다가, 정조가 즉위하고 시파 時派를 중용하면서, 아버지가 호조좌랑이 되자 서울로 올라왔다. 1783년 경의진사 經義進士가 되어 정조와 만나 어전에서 〈중용 中庸〉을 강의하게 되는데, 이를 계기로 정조의 총애를 받았다. 1794년 경기도 암행어사, 병조참의, 승지 등의 자리를 지냈다.

그러나 정조가 죽고 순조가 즉위하자 다시 노론이 득세하면서 천주교에 대한 심한 박해가 가해져, 1801년의 신유사옥 辛酉邪獄으로 전라도 강진으로 유배되어 18년을 보냈다. 이때 그의 대표 저작인 〈목민심서 牧民心書〉를 비롯한 방대한 저작을 남기

게 된다. 다산 정약용은 〈목민심서〉에서 학문에 대해 이렇게
말하고 있다.

"백성을 위하지 않는 학문은 헛된 글 놀음일 뿐이다."

유배에서 풀려난 뒤에도 벼슬길에 나서지 않고, 향리인 마재
에서 학문에만 몰두하다가 여생을 마쳤다.

〈목민심서〉 외에도 〈흠흠신서欽欽新書〉, 〈경세유표經世遺表〉,
〈논어고금주論語古今註〉, 〈아방강역고我邦疆域考〉, 〈기예론技藝論〉
등 수많은 저서를 남겼다.

황현黃玹

1855~1910년

자 운경雲卿, 호 매천梅泉.

어려서부터 총명하고 시문詩文에 뛰어나 향리에 이름을 떨쳤다. 20세 되던 해에 큰 뜻을 품고 서울로 올라와, 당시 명문장으로 이름 높던 강위, 이건창, 김택영 등과 교유하면서 그의 문명文名은 널리 알려지게 되었다.

1883년 29세 때에 보과거保科擧 초시에 응시, 차석으로 합격했다. 그런데 이듬해인 1884년에 갑신정변이 일어나면서 국정이 혼란하여 회시會試나 전시殿試가 몇 년 동안 실시되지 않자, 실망하여 낙향했다.

1888년 회시가 다시 실시되자, 아버지의 명을 거역하지 못하여 응시했는데 장원으로 뽑혔다. 그러나 백성의 재물을 토색질하고 벼슬을 돈으로 팔고 사는 썩을 대로 썩은 정치, 열강의 틈바구니에서 헤어나지 못하고 날로 기울어 가는 나라의 꼴을 분노와 우울로 바라보던 그는, 모든 뜻을 버리고 향리인 구례 만수동으로 다시 돌아온다.

향리에 초당을 짓고 아이들을 모아 가르치기 시작했다. 그는 한학자였지만 실용적 서양 학문의 필요성을 인식하고, 1908년 구례 지천리에 호양학교壺陽學校를 설립, 신학문 교육에도 힘썼다.

동학혁명을 계기로, 난세의 현장을 후손에게 남겨야겠다는 생각으로 중요한 역사적 사건들을 기록해 남겼는데, 이것이 유명한 〈매천야록梅泉野錄〉이다. 이 기록은 뒤에 대한제국의 역사를 이해하는 데 귀중한 사료가 되었다.

1905년 을사늑약이 일본의 강압에 의해 타결되고 나라의 주권이 실질적으로 박탈당하자, 독립운동을 위해 중국으로 망명을 꾀했으나 실패했다. 경각에 이른 나라의 운명을 안타깝게 지켜보던 그는, 1910년 국권피탈의 소식이 전해지자 '절명시絕命詩'를 남긴 채 다량의 아편을 먹고 스스로 목숨을 끊었다.

저서로 〈매천집梅泉集〉, 〈매천야록〉이 있다.

 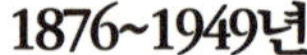 

김구金九

1876~1949년

호 백범白凡. 황해도 해주 백운방에서 태어남.

12세 때부터 과거에 뜻을 두고 서당에서 한학을 공부했으나, 17세 때에 과거에 응시하고자 해주에 갔다가 매관매직의 부패상을 알고, 과거를 포기하고 돌아왔다.

1893년 동학에 입교, 접주接主가 되어 이듬해 동학혁명에 참여했다. 하지만 혁명이 실패로 돌아가자 부친안태훈의 집에 머무르면서 유학자 고능선으로부터 가르침을 받고 민족의식에 크게 눈뜨게 된다.

1896년 2월 안악군 치하포에서 일본군 중위 쓰지다를 민비 시해범으로 오인하여 살해한 뒤, 석 달 후 체포되어 옥고를 치르던 중 1898년 3월에 탈옥, 이곳저곳 사찰을 전전하며 승려 생활을 했다. 1899년 가을에 향리로 돌아온 뒤 봉양학교, 양산학교, 보강학교 등에서 교사 생활을 했다.

1911년 안악군 부호의 재산을 빼앗아 서간도에 무관학교를 세우려 했던, 안명근 사건으로 체포되어 징역 17년을 선고받고 서대문형무소에 수감됐다가 1914년에 가출옥했다.

1919년 3·1운동이 일어나자, 상해로 망명하여 임시정부를 근거지로 한 독립운동을 시작했다. 경무부장을 시작으로 내무총장, 국무령을 거쳐 1940년에는 임시정부 주석이 되었다.

1931년 이봉창 의사의 일본 천황에 대한 폭탄 투척 사건, 1932년 윤봉길 의사의 홍구공원 폭탄 투척 사건 등은 모두 그가 계획하고 지시한 것으로, 만방에 우리 민족의 독립 의지를 알리는 계기가 되었다. 1940년 중경에 한국광복군을 조직하고 국내 진공 작전을 계획하던 중 8·15 광복을 맞았다.

귀국한 뒤에 한국독립당을 창설하고 남북한 통일정부 수립에 노력했으나 실패로 끝나고, 1949년 6월 20일 경교장에서 안두희의 저격을 받고 운명했다.

저서로 〈백범일지白凡逸志〉 등이 있다.

아명兒名 응칠應七, 세례명 도마. 황해도 해주에서 태어남.

그의 가문은 해주 지방의 이름난 무반武班 호족으로, 그 또한 어릴 적부터 사냥과 활쏘기를 좋아하는 호방한 기질을 보였다. 일찍이 가톨릭 신자가 되어, 서양 신부들을 통해 국제 정세와 우리 민족이 처한 운명에 대해 알게 되면서부터 나라의 장래에 대한 깊은 관심을 갖게 되었다.

1905년 을사늑약이 체결되자, 기울어 가는 나라를 구해야겠다는 일념으로 북간도를 거쳐 러시아의 블라디보스토크로 망명했다. 그곳에서 1908년 이윤범, 최재형 등과 함께 의병을 조직한 후에 독립운동 기반을 마련했다. 그해 10월에 두만강을 넘어 함경도로 들어가 일본군을 습격하여 50명을 사살하는 등 무력 항일투쟁을 전개했다.

1910년 국권피탈 소식을 듣고 울분을 참지 못하고 있던 그는, 국권피탈의 주역인 이토 히로부미가 마침 만주 하얼빈으로 온다는 소식을 듣고 그를 저격하기로 계획을 세웠다.

1910년 10월 26일 일본인으로 가장, 경찰의 경계망을 뚫고

열차에서 내리는 이토에게 접근하여 저격, 사살한 뒤 그 자리에서 체포되었다. 옥중에서 집필한 〈동양평화론東洋平和論〉은 한국, 중국, 일본이 서로를 대등한 국가로 인정하고 각국의 독립을 유지하면서도 협력해야 한다고 주장한다. 그는 이러한 협력이 서구 제국주의의 침략에 맞서 동양의 평화를 지키는 길이라고 보았다.

재판 과정에서 자신의 행동이 동양 평화를 위해 불가피하고 정당한 것이었음을 당당하게 주장했으나, 결국 사형 선고를 받고 이듬해 3월 26일 뤼순旅順 형무소에서 처형당했다.

저서로 〈동양평화론〉, 〈안응칠역사安應七歷史〉 등이 있다.

자 정옥貞玉, 호 만해萬海. 충청도 홍성에서 태어남.

어릴 때 서당에서 한문을 배웠다. 18세 때 창의대장 민종식의 막료로 동학혁명에 가담했다가 혁명이 실패하자 설악산 오세암으로 피신했다. 이것이 계기가 되어 세속의 인연을 끊고, 1905년 백담사에서 김연곡 화상金連谷 和尙, 한용운의 은사의 후견으로 승려가 되었다.

국권피탈이 되자 만주로 망명, 이시영을 중심으로 한 독립운동 단체에 가담했다. 이후 귀국하여 친일파 불교인들을 성토하는 송광사 승려대회를 주도하면서 불교 개혁에 앞장섰다. 불교의 폐쇄성과 타락을 비판하면서 근대적 자각과 사회 참여를 촉구했다. 불교를 단순한 종교가 아닌, 민족 해방과 인간 해방의 철학으로 승화시켰다.

1919년 3·1운동에 불교계를 대표하여 민족 대표 33인 가운데 한 사람으로 참여했다가, 일본 경찰에 체포되어 3년 형을 받고 투옥되었다. 이후 일제 치하에서 민적民籍을 거부한 채 글과 불교 청년운동을 통해 독립사상을 고취하고, 불교 개혁과 불교

대중화운동에 앞장섰다. 그러나 민족 해방을 끝내 보지 못하고, 1944년 입적했다.

그는 승려로서보다 오히려 시인으로서 뛰어난 재능을 보여, '님의 침묵' 등 빼어난 시들을 문학사에 남겼다.

저서로 시집 〈님의 침묵〉과 〈유신론唯心論〉, 〈십현담주해十玄談註解〉, 〈불교대전佛敎大全〉 등이 있다.

호 단재丹齋. 충남 대덕에서 태어남.

일찍이 아버지를 여의고 할아버지로부터 한학을 공부하다가 서울로 올라온 것이 1898년이었다. 이후 성균관에서 공부하여 25세 때인 1905년에 성균관 박사가 되었다.

그해 을사늑약이 체결되자 〈황성신문〉 주필 장지연은 '시일야방성대곡是日也放聲大哭'이라는 논설을 실어 투옥됐는데, 신채호가 그의 뒤를 이어 논설 기자로서 민족의식과 독립사상을 고취시키는 글을 쓰기 시작했다. 이듬해 양기탁의 소개로 〈대한매일신보〉의 주필이 되어 언론인으로서의 본격적인 활동을 하게 된다.

1907년 도산 안창호가 중심이 되어 만든 비밀 결사인 신민회新民會에 참여하여 활동하기도 했다.

1908~1910년 사이에 주목할 만한 글들을 남겼는데, 〈수군제일위인 이순신전水軍第一偉人 李舜臣傳〉, 〈을지문덕乙支文德〉, 〈동국거걸 최도통전東國巨傑 崔都統傳〉, 〈독사신론讀史新論〉, 〈국사사론國史史論〉 등 모두가 민족의식을 고취시키는 내용들이었다. 이

시기가 바로 그의 민족사관이 자리잡기 시작한 시기였다.

1910년 4월, 독립운동을 위해 정주 오산학교를 거쳐 러시아의 블라디보스토크로 들어갔는데, 거기서 망국의 슬픈 소식을 들었다.

1914년 해외 독립운동의 본거지인 상해로 가서 신규식과 함께 신한청년회新韓靑年會를 조직하고 박은식, 문일평 등과 함께 청년 교육에 힘을 기울였다. 1919년 임시정부가 수립되자 의정원 의원으로 참여했다. 그러나 임시정부의 내분이 점점 더 심해지자 북경으로 가서 '다물단多物團'이라는 지하 테러 단체에 가담하게 된다.

1927년 국제 무정부운동에 참여하여, 이듬해 폭탄 제조를 위한 자금 조달을 위해 외국위체권外國爲替券을 위조 인쇄하여 얻은 자금을 대만으로 운반하려다 체포되어 10년 형을 받고 뤼순旅順 형무소에 수감됐다. 그리고 1936년 2월, 8년간의 긴 옥고 끝에 뇌내출혈로 옥중에서 숨을 거뒀다.

그러나 복역 중에 〈조선사朝鮮史〉와 〈조선상고사朝鮮上古史〉 등 중요한 저작들을 남겨 민족사학에 큰 유산이 되었다.

호 육당六堂. 서울에서 태어남.

일본 동경부립제일중학교 2개월, 와세다대학 고등사범에 2개월 적을 둔 것이 학교 교육의 전부다. 그러나 명석한 머리와 해박한 지식으로 역사와 문학 분야에 많은 글을 발표하여, 당시 춘원 이광수와 함께 대표적인 지식인으로 손꼽혔다.

1908년 그가 발행한 월간지 〈소년〉의 창간호에 발표한 '海에게서 소년에게'는 문학사에서 신체시新體詩의 효시로 평가받고 있다.

1919년 3·1운동 때는 독립선언문을 기초했고, 이로 인해 일본 경찰에 체포되어 2년 10개월의 옥고를 치렀다.

그러나 이후 총독부의 조선사편찬위원회 편수위원, 중추원 참의 등을 거치면서 그의 민족의식은 훼절됐다. 일제 말기에는 춘원 이광수와 함께 일본으로 건너가 학병 지원을 권고하는 강연을 하는 등 대표적 친일 지식인으로 활동했다.

해방이 되자, 그는 이광수와 함께 '반민족행위처벌법'에 의해 잠깐1개월, 반민특위 설립에서 해체 기간 동안 구속되기도 했다. 그는

반민특위의 조사 과정에서 "민족의 일원으로서 반민족의 지목

을 받음은 종세에 씻기 어려운 대치욕이다."라는 내용의 자열

서自列書를 작성했다.

　　저서로 〈조선불교朝鮮佛敎)〉, 〈국민조선역사國民朝鮮歷史〉, 〈한국

독립운동사韓國獨立運動史〉, 〈조선역사朝鮮歷史〉 등이 있다.

호 춘원春園. 평북 정주에서 태어남.

가난한 집안에서 태어나 10세 때 부모를 잃고 서울로 올라와, 13세 때 친일 단체인 일진회一進會의 추천으로 일본 메이지 학원에 유학하여 공부했다. 일찍부터 문재를 드러내어, 그때 이미 〈소년〉지를 통해 시를 발표하기 시작했다. 18세에 메이지 학원 중학부를 졸업하고, 남강 이승훈이 세운 정주의 오산학교에서 몇 년간 교사 생활을 했다. 이때 민족의식에 크게 눈떴다.

1915년에 일본으로 다시 건너가 와세다대학 철학과에 입학하여 공부했다. 1917년 1월 매일신보에 우리나라 최초의 현대 소설인 〈무정無情〉을 연재하면서 최고의 문명을 떨치게 된다.

1919년 2월 김도연, 백관수 등과 함께 동경 유학생의 '2·8 독립선언'을 주도하면서, 그 선언문을 기초하기도 했다. 이후 상해로 망명하여 임시정부 기관지인 〈독립신문〉의 사장 겸 주필을 맡아 장백산인長白山人 등의 필명으로 독립의식을 고취하는 글을 썼다. 그러나 2년여 만에 망명 생활을 청산하고, 먼저 고국으로 돌아간 허영숙을 따라 귀국했다.

1923년 동아일보 편집국장을 시작으로 조선일보 부사장 등 언론인 생활을 거쳐 창작에 전념하게 되는데, 8·15 광복이 될 때까지 〈재생〉, 〈마의태자〉, 〈흙〉, 〈사랑〉 등 수많은 작품을 남겼다.

그러나 1939년 친일 어용 단체인 조선문인협회 회장의 자리를 맡으면서 그의 본격적인 친일 행위는 시작된다. 스스로 카야마 미쓰로우香山光郎로 창씨개명하고, 내선일체內鮮一體를 촉구하는 글을 쓰고, 조선인의 학병 지원을 권고하는 강연에 나서는 등 적극적인 활동을 했다.

8·15 광복이 되자, '반민족행위처벌법'에 의해 구속되었다가 병보석으로 풀려났다. 그는 자신의 친일 행위를 민족 보존을 위한 고육지책으로 설명하며, 해방이 늦어졌다면 조선 사람들이 황국신민으로 대우받았을 것이라고 주장했다.

한국전쟁 때인 1950년 7월 12일에 납북되었고, 사망하기 보름 전인 10월 10일까지 평양 교도소에 수감되었다. 이후 그는 만포 소재 군인민병원으로 후송되던 중 사망했다.

주권을 빼앗긴 암흑의 시대에 북간도 명동촌에서 태어남.

1932년 용정중학교에 다니면서 연길에서 발행되던 〈가톨릭 소년〉이라는 잡지에 '병아리', '무얼 먹고 사나' 등 동시를 발표했다.

1938년 고종사촌 송몽규와 함께 연희전문학교 문과에 입학했다. 문학은 민족사상의 기초 위에 서야 한다는 생각 때문이었다. 당시 일본의 조선어 말살 정책 때문에 우리말로 '조선 문학'을 강의하는 학교는 연희전문뿐이었다. 이때부터 본격적인 시 쓰기詩作가 시작되었다. 그의 대표적 시들은 대부분 이때 쓰인 것들이다.

1941년 연희전문학교를 졸업하던 12월에 자선시집自選詩集 《하늘과 바람과 별과 시》를 출간하려 했으나 뜻을 이루지 못했다. 이듬해 일본으로 유학, 릿쿄대학을 거쳐 도시샤대학 영문과에 편입학했다.

1943년 7월 귀향길에 오르기 직전, 송몽규와 함께 사상범으로 일본 경찰에 붙잡혀, 2년 형을 받고 후쿠오카 형무소에 수감

되었다. 해방되던 해 1945년 2월 16일 광복의 기쁨도 보지 못한 채 27세의 나이로 옥사했다.

그가 죽은 후 1948년에 그의 유고를 모아 시집《하늘과 바람과 별과 시》를 출간하여, 윤동주의 시는 비로소 세상에 널리 알려지게 되었다. 그는 시와 사상과 삶의 아름다운 일치를 보여 준 대표적인 민족시인으로 우리의 문학사에 기록되어 있다.

'신 지조론'은 단순히
지나간 시대의 정신사적
한 주제를 되짚어보는
그 흔한 연구서들과는 근본적으로 다르다.

이 책은 오늘을 사는 우리가
어떻게 뜻을 세우고,
그 뜻을 '자기 거울'에 비추어
역사 앞에 바로 서며,

끝내 올곧고 떳떳한 삶의 길을
찾을 것인가에 대해,
치열하면서도 창조적인
해답을 제시한다!

신 지조론^{新志操論}

이 땅의 '변절자들에게 고함!'

ⓒ 황헌식, 2026

초판 1쇄 발행 2026년 1월 8일

지은이 황헌식

펴낸이 이종록   펴낸곳 스마트비즈니스

등록번호 제 313-2005-00129호   등록일 2005년 6월 18일

주소 경기도 고양시 일산동구 정발산로 24, 웨스턴돔타워 T4-414호

전화 031-907-7093   팩스 031-907-7094

이메일 smartbiz@sbpub.net

인스타그램 smartbusiness_book

ISBN 979-11-6343-086-5 03120

아빠,
당신의 죽음을 허락합니다

**이토록 멋진 작별의 방식,
간절한 죽음이라니**

▶ PD수첩 〈나의 죽음에 관하여〉에
소개된 바로 그 책!

에리카 프라이지히 지음 / 박민경 옮김 / 최다혜 감수 / 232쪽 / 값 17,000원

세상 읽기 시크릿,
법칙 101

**하인리히부터 깨진 유리창까지,
세상을 움직이는 법칙, 총망라!**

▶ 당신의 성공 방정식에 날개를 달아주는
세상 읽기를 연습하라!

이영직 지음 / 392쪽 / 값 22,000원

사람 읽기 시크릿,
인간 심리 36

**어떤 사람인지 한눈에 꿰뚫어보는
마음의 시력을 가져라!**

▶ 사람을 보는 당신의 눈이 새로워진다,
행동 뒤에 숨은 심리학!

이영직 지음 / 328쪽 / 값 19,000원